MARCO POLO

# Dein Insider-Trip



# BERLIN & Umgebung

Besondere Erlebnisse – von entspannt bis rasant

# Inhalt

## Die Klassiker reloaded

**Altbekanntes ganz neu erleben**


8 **Voll verkuppelt:** Liebe auf den ersten Ausblick!
10 **Street-Art – Graffiti war gestern:** Heute wird getaped
12 **Topsecret!** Dem BND über die Schulter gucken
14 **Holocaust Mahnmal:** Unter die Stelen schauen
16 **Zurück an die Mauer:** Mit Handy und VR-Brille auf Zeitreise
18 **In der Unterwelt:** 350 Meter in die Freiheit
20 **Achtung!** Tiefflieger am Alex
22 **Zoo & Tierpark mal anders:** »Abends in den Dschungel«
24 **Mit der BVG auf Mini-Kreuzfahrt:** Über den Wannsee
26 **Heiliger Rasen:** Backstage im Olympiastadion

# Die Lecker-bissen

**Verführerisches von süß bis deftig**


30 **Einfach reinbeißen!** Berlins Schokoladenseite
32 **Höher geht's nicht:** Im Bundestag fein schmausen
34 **Autsch!** Berlins schärfste Currywürste testen
36 **Retter der Waldmeisterblätter:** In der Bonbonmacherei
38 **Berliner Wein – dit lass sein ...?!** Denkste!
40 **Kieziger Bauernmarkt:** Comeback der »Dicken Linda«
42 **»Volle Pulle Berlin«:** Reinschnuppern in legendäre Brennereien
44 **Mahlzeit!** Eine Mittagspause für Architekturfans
46 **Krosses von der Wiese:** Thai-Streetfood für Mutige
48 **Mit Gottes Segen:** Frühstücken in der Kirche
50 **Junge Bierbrauer:** Berliner Weiße mit dem besonderen Dreh
52 **Original & originell:** Baum- und Pfannkuchen
54 **Bulette, Molle & Korn:** Urige Kneipen
56 **Zum Picknick in Berlin:** Drei Mezzeteller


# Die kreativen Orte

**Kunst & Kultur von gediegen bis hip**


60 **Von Feen und Walen:** Versteckte Architekturschätze
62 **Berliner Milljöh damals und heute:** In Museum und Theater
64 **Weltklasse-Fotos:** Versteckt im Hinterhof
66 **Retro & Kunst:** Mit der Linie 7 durch die Postmoderne
68 **Von Fliesen bis Krawatten:** Berlin to go für zuhause
70 **Mit Tradition:** Schmieden in Berlins ältester Werkstatt
72 **JWD:** Eine Kunstgalerie in Lichtenberg
74 **Mini-Hörsaal:** Experimentelles im Wissenschafts-Tempel
76 **Von wegen morbide!** Kultur-Picknick im alten Krematorium
78 **Berliner Mode-Trend:** grün, fair, vegan
80 **Berlin LIVE!** Hinter den Show-Kulissen von ...
82 **Klassikkonzert mal anders:** Glockenspiel und Piano-Schuppen
84 **Berliner Zimmer:** Besuch in einer alten Gründerzeit-Wohnung
86 **Galaktisch:** Lichter-Hokuspokus für alle Sinne
88 **Ab in die Messe:** Beton & Kunst in der Kirche

# Die wilde Seite

**Gas geben und Spaß haben von sportlich bis mutig**


92 **Für Solo-Tänzer:** Headbanging in der Telefonzelle!

94 **Winter-Action:** »Bahn frei, Kartoffelbrei!«

96 **Ready for take-off?** Pilot in Not für eine Stunde

98 **Hereinspaziert:** Willkommen in der Zirkusmanege!

100 **Parkuhr?! Parkour!** Austoben beim »Urban Sport«

102 **Übers Wasser fliegen:** Beim Waken und Hydro-Foilen

104 **Hoch hinaus:** Marzahn für Himmelsstürmer

106 **Kalorien-Killen:** Bei Sport im Park und Ballett auf dem Dach

108 **Fatima & die Detektive:** Escapespiele in der Bibliothek

110 **Schnepfen und Flussauen:** Eine Havel-Radtour

112 **Drahtseilakt:** Spontan mitmischen im Improtheater

114 **Wilder Norden:** Auf Safari per Rad und zu Fuß

116 **AHOI!** Mit dem Badedampfer in die Spree stechen

118 **Vom Winde verweht:** Surfen & Kiten auf dem Runway!

120 **Bei Merlin & Co.:** Essen wie die alten Ritter


# Die ruhigen Ecken

**Entspannen von minimalistisch bis luxuriös**


124 **Traumwelten:** Berlins schönste »Stille Örtchen«

126 **Who is who im Totenreich:** Promisuche auf dem Friedhof

128 **Lieblingsplatz:** Ein Teehaus für Charlotte

130 **Barfuß-Spaziergänge:** Mit und ohne Kneipp

132 **Luxus-Wellness:** Über den Dächern Berlins

134 **Hier geht's lang:** Im Tempel Erleuchtung finden

136 **Späth Arboretum:** Flanieren im botanischen Garten

138 **Och dit is Berlin:** Im Hinterhof-Bermuda-Dreieck

140 **Paradies-Duo:** Park-Hopping in Neukölln

142 **Berlin zu Wasser:** Eine Sightseeingtour per SUP

144 **Sport in Zeitlupe:** Mit-Boulen im Park

146 **»Klein-Venedig«:** Vom Haussteg ins Paddelboot

148 **Tief durchatmen:** Outdoor bei »Wald.Berlin.Klima.«

150 **Eine Prise Dschungelbuch:** Wandern im Löcknitztal

152 **Dick einpacken:** Herbstlich-winterliche Spaziergänge

# Das pralle Leben

## In Feierlaune das ganze Jahr


156 **Die alten Preußen live:** Klassik bei Sophie Charlotte
158 **Hanami-Zauber:** Im siebten Kirschblüten-Himmel
160 **Oho!** Die kleine Schwester der Waldbühne
162 **Mit Picknickkorb und Liegestuhl:** Im Jüdischen Museum!
164 **Umsonst & draußen:** Mit Licht, Wind und Wasser
166 **Hoch oben oder tief unten:** Auf Barhocker-Streifzug
168 **»Früher war mehr Lametta!«:** Drei Advents-Fluchten
170 **Pop, Rock & Punk:** Hier spielt die Musike!
172 **Lang lebe der Kult!** Legendäre Clubs und Bars


# Mix & Match

## Mach dein eigenes Ding


176 **Kurzurlaub:** In zwei Tagen besonders viel erleben
178 **Auszeit:** Ein herrlich entspannter Tag
179 **Weltreise:** Exotische Orte ganz nah
180 **Kinderkram:** So werden die Kleinen glücklich
181 **Sauwetter:** Wo es bei Regen besonders schön ist


# Dies & Das

## Karten, Register & mehr


184 Karten
188 Register
190 Impressum
191 Autorin
192 Bloß nicht!

Berliner Dom, Tierpark, Olympiastadion – so kennst und liebst du Berlin. Und echte Klassiker werden auch niemals langweilig. Schau um die Ecke, nimm eine andere Perspektive ein, such die geheimen Orte und neuen Interpretationen. Und huch: Ist da schon ein neuer Klassiker im Anmarsch?

# Die Klassiker reloaded

## Altbekanntes ganz neu erleben

# Voll verkuppelt
# Liebe auf den ersten Ausblick!

→ **Zuerst den Berliner Dom von außen bestaunen, dann geht's rein und hoch**

**Die Wege ins Paradies sind bekanntlich mühsam.** Am Lustgarten sind es: 270 Stufen. Und kein Fahrstuhl in Sicht! Für das 360-Grad-Bilderbuch-Panorama über Berlins Mitte muss es nicht immer der Fernsehturm sein – spar dir die endlos lange Schlange am Alex! Auf die Domkuppel bringen dich ein eiserner Wille und eine Dom-Führung – sozusagen aus dem Dämmerlicht ins gleißende Himmelreich über der Museumsinsel.

Bevor es losgeht: Schon der Blick nach oben in die Innenkuppel des *Berliner Doms* lässt die Augen Karussell fahren. Gold und Marmor, edle Holzschnitzereien und farbenfrohe Reliefs, Skulpturen und opulente Leuchter. Nach dem inneren Kuppelumgang steht man endlich oben, ganz ohne Verglasung und mit viel Wind in luftigen 50 m Höhe, und guckt den acht musizierenden Bronzeengeln beim Harfespielen oder Paukenschlagen über die Schulter. Hier ist Weiterstaunen angesagt: Sogar die Berliner Siegessäule würde locker in den Dom mit seinen 98 m bis zum Kuppelkreuz reinpassen – von der schieren Fläche (6270 m²) her ist der Berliner Dom die größte evangelische Kirche Deutschlands! Apropos: Mit dem Ticket unterstützt du dieses sagenhaft majestätische Bauwerk, das im Unterhalt ebenso sagenhafte 15 000 Euro kostet, und zwar jeden Tag!

INSIDER-TIPP
**Eine einzige Star-Parade**

Dämmerung am Berliner Dom: Du kannst im Lustgarten live dabei sein, wenn Zigtausende Stare mit lautem Gezwitscher auf ihrem Weg zu den Schlafplätzen in den Kastanienbäumen ihren Tanz im rötlichen Abendhimmel präsentieren – in einer wie von unsichtbarer Hand geleiteten Choreographie.

**1 Berliner Dom • Am Lustgarten, 10178 Berlin • berlinerdom.de**

Ausgang
Exit

# Street-Art: Graffiti war gestern Heute wird getaped

**Gähn, East Side Gallery, kennt doch jeder.** Der letzte Schrei urbaner Subkultur: Tape Art! Mit witterungsbeständigen Klebestreifen oder Paketband, Folie und Sprühdose verwandeln Berliner Klebe-Künstler wie Tape That oder die KlebeBande graue Wände in bunte Spektakel. Tape That »verzierklebten« mit Klebestreifen Schul- und Bürofassaden und sogar den Hauptbahnhof. Mit der Kommerzialisierung entstanden neue Trends und vergängliche Kunstformen rund um die einstige Subkultur. Etwa »Tape Mapping«: *KlebeBande* zaubern aus Gaffa- und Packband leuchtende 3-D-Effekte für Clubs und Events und führen mit Videoprojektionen das Auge an der Nase herum.

**← Ein Mix aus Folie und Sprühdose: Am Eingang des KlebeBanden-Ateliers am Holzmarkt prangt das Mural »Me, Myself & Eye«**

Wer an der Open-air-Kunstmeile Bülowstraße bummelt, kann seit 2015 Graffiti von Ikonen der Szene bestaunen: z. B. von Shepard Fairey (Nr. 31/32; Frau hinterm Vorhang) und gleich daneben von D*Face (schreiender Soldat), The London Police, Jonathan LeVine und dem deutschen Künstler-Duo Herakut. Das *Urban Nation Museum* präsentiert weitere 150 Werke von teils weltbekannten Künstlern mit Sprühportraits, Malereien, Mosaiken, Collagen und Tape Art.

**INSIDER-TIPP**
**Klebe-Kunst im Seniorenheim**

Gegenüber vom Museum im Seniorentreff Huzur hübschte die dreiköpfige Selfmadecrew (*selfmadecrew.de*) die frühere Schmuddelecke zwischen Straßenstrich und Junkies auf: mit Tape-Porträts der Hausbewohner an den Fenstern im Foyer, die manchmal unter Neonlicht phosphorisierend erscheinen – so müssen Orte der »Erleuchtung« aussehen!

**2** **KlebeBande • Haupteingang und Kita am Holzmarkt • Holzmarktstr. 25, 10243 Berlin • klebebande-berlin.com**

**3** **Urban Nation Museum • Bülowstr. 7, 10783 Berlin • urban-nation.com • Eintritt frei**

# Topsecret!
# Dem BND über die Schulter gucken

**↓ Wie sieht's mit dem Schutz vor Cyberangriffen aus? Welche Krisen könnten gefährlich werden? An Info-Stelen erfährst du mehr über die Arbeit und den Auftrag des BND**

**Folge nun leise und unauffällig den Spuren der Kalten Krieger und heißen Krisen.** Nicht ins Spionagemuseum am Leipziger Platz, das ist doch Pipifax. Wer hätte gedacht, dass der deutsche Auslandsgeheimdienst in seine Berliner Festung einlädt und auf eines ganz besonders Wert legt: Transparenz!

Im Herzen der deutschen Spionageabwehr ist alles echt: Spione (sorry: »Beamte«) und über 100 originale Asservate. Eine Kleiderbürste mit Dokumenten-Versteck. Die Kamera in der Zigarettenschachtel. Die deutsche »Liliput«-Chiffriermaschine aus den 1920ern sieht aus wie eine Stoppuhr und lässt nicht nur die Herzen von Kryptohistorikern höher schlagen.

Einiges bleibt schleierhaft. Gruselige Exotik verbreiten die beiden Stahlpalmen vor dem Monumentalbau. Der Berliner Senat schwört: keine Abhör-Anlage, sondern »Kunst am Bau«. Was die vermeintlich chinesischen Schriftzeichen an manchen Innenwänden bedeuten, das sei hier – Psst! – verraten: der Grundriss dieser Trutzburg mit 5200 Räumen und 14 000 düsteren Schießscharten-Fenstern. Die Abkürzungen für nachrichtendienstliche Abteilungen – OSINT, HUMINT, IMINT, SIGINT – hätte sich ein George Orwell für »1984, Teil II« nicht besser ausdenken können. Und wer vermutet beim Wandspruch im Atrium 3 (»Der letzte Weizen stand noch«) nicht sofort eine verschlüsselte Botschaft – aber wofür? Geheimdienstliche Romanzen im Kornfeld?! Man sieht förmlich, wie Sean Connery sich zu Miss Moneypenny runterbeugt und ihr diesen Satz ins Ohr flüstert …

Damit es nicht allzu despektierlich wird: Natürlich erfährst du hier in der *Zentrale des Bundesnachrichtendienstes* Multimediales über ernste Themen wie Krisenregionen, Terrorismus und Cyberkriminalität. Interaktiv kannst du sogar fiktive Fälle lösen und mit einer »Quelle« plaudern – vertraulich, versteht sich.

**4 Zentrale des Bundesnachrichtendienstes • Habersaathstr. 57, 10115 Berlin • bnd.bund.de**

Treblinka

# Holocaust Mahnmal
# Unter die Stelen schauen

**Das Unfassbare ein bisschen fassbarer zu machen** – das haben unzählige Autoren, Regisseure und Architekten seit dem Holocaust versucht. Das »Denkmal für die ermordeten Juden Europas« von Peter Eisenmann mit seinem Labyrinth aus 2711 Betonblöcken mahnt und schockiert zugleich. Alle Besucher können in dem Stelenfeld sehen und fühlen, was sie wollen: Gräber oder Särge, mahnende Wächter oder die Auschwitz-Barracken. Verlorensein, Bedrückung, Ohnmacht, Angst. Manch einer läuft auch nur kurz hindurch, springt von Stele zu Stele oder benutzt das Mahnmal als Selfiestätte beim Yoga. Auch das schockt ...

Doch den hier versteckten »Raum der Namen« wird niemand so schnell wieder vergessen. Denn dort gibt das Mahnmal den mehr als 6 Mio. jüdischen Opfern ihre Namen zurück – etwa die Hälfte der Ermordeten und Verschollenen sind heute bekannt – und damit ihre Würde. Du musst nur an der südöstlichen Ecke diesen eher abstrakten Erlebnisraum des Stelenfeldes verlassen und den Fahrstuhl oder die Treppe nehmen in die unterirdische Ausstellung im *»Ort der Information«*, die es schafft, alle emotional zu berühren. Im ersten »Raum der Dimensionen« geht es um bloße Zahlen und Zitate – aus Tagebüchern und Abschiedsbriefen, manche aus den letzten Augenblicken vor der Ermordung. Im »Raum der Familien« werden stellvertretend 15 jüdische Familienschicksale erzählt und im »Raum der Orte« sind die Deportationswege, die Ghettos und Konzentrationslager in historischen Filmen und mit Zeitzeugen sichtbar. Im »Raum der Namen« reicht das Zuhören – es müssen ja nicht gleich alle 800 einminütigen Kurzbiographien sein, denn das würde dauern: sechs Jahre, sieben Monate, 27 Tage ...

**← Das Stelenfeld des Denkmals für die ermordeten Juden Europas ist ganztägig zugänglich**

**← Im »Raum der Orte« wird der Opfer gedacht**

**5** **»Ort der Information« • Cora-Berliner Str. 1, 10117 Berlin • holocaust-denkmal-berlin.de • Eintritt frei**

# Zurück an die Mauer

# Mit Handy und VR-Brille auf Zeitreise

↓ **Mit der Mauerschau-App blickst du direkt auf das ehemalige Stadtbild**

↓ **Busfahrt mal anders – und zwar in vergangene Zeiten**

**»Wo geht's denn hier bitte zur Mauer?«** – eine der häufigsten Fragen von Berlin-Touristen und nach 1989 geborenen Berlinern. Die Dramen, die sich in der Bernauer Straße in Mitte bis zum Mauerfall 1989 abspielten, sind heute in der weiten Parkkulisse der Gedenkstätte Berliner Mauer nur schwer vorstellbar: Menschen, die beim Mauerbau aus ihren Küchenfenstern sprangen, um noch schnell in den freien Westen zu gelangen. Tunnelbauer in geheimer Mission unter der Erde, Schüsse auf Flüchtende im DDR-Todesstreifen. Mit den Apps *Mauerschau und MauAR* öffnet sich auf deinem Smartphone vor Ort ein Zeitfenster – es kommen Zeitzeugen zu Wort, Grenzer, Flüchtlinge, ein Mauerpfarrer. Per »Augmented Reality« kehrt die Mauer auf dein Smartphone oder

Tablet zurück – exakt an der authentischen Stelle, fast echt und zum Greifen nah. Erlebe in Ton und Bild mit, wie der Mauerbau am 13. August 1961 ein Ost-West-Liebespaar plötzlich trennte und wie im Oktober 1961 am Checkpoint Charlie US- und Sowjet-Panzer anrollten. Folge den Grenzbeamten in die abgedunkelten »Geisterbahnhöfe«, an denen die westberliner Bahnen S2, U6 und U8 ohne Halt von 1961 bis 1989 durchfahren mussten.

Vor allem am trubeligen Checkpoint Charlie in Kreuzberg mit vielen Neubauten auf den früheren Brachen ist es heute schier unmöglich, sich ein eigenes Bild von damals zu machen, selbst für gebürtige Berliner! Mit der »Virtual-Reality«-Brille vom *TimeRide Museum* kannst du eine Stunde lang auf einer imaginären Busfahrt in die wilden 1980er eintauchen: vorbei an maroder Friedrichstraße und scheppernden Trabbis, langen Schlangen vor DDR-Kaufhallen, sächselndem VoPo und am einsam weghoppelnden Mauerkaninchen.

**6** **Mauer-Apps: mauerschau.berlin (ab 2,99 €) und mauar.berlin (für iPhone, iPad) • Wedding-Mitte**

**7** **TimeRide Museum • Zimmerstr. 91, 10117 Berlin • timeride.de/berlin**

# In der Unterwelt
# 350 Meter in die Freiheit

**Schauplatz Bernauer Straße:** oben tödliche Grenzanlagen mit bewaffneten Soldaten, darunter ein Tunnel. Zwei Männer kriechen auf allen Vieren durch den Schacht. Erde rieselt von oben. Eine Frau mit verstaubtem Mantel und Handtasche klettert die steile Leiter am Ende des Tunnels hoch, sie hat die 350 m geschafft, eine Hand zieht sie den letzten Meter hinauf. Ein schreiendes Baby wird hochgereicht. In die Freiheit. Das ist kein Vietcong-Tunnel irgendwo in Vietnam. Das ist mitten in Berlin. Nur Frisuren und Kleidung verraten: Es war einmal, in den 1960ern.

**← Einen originalen Fluchttunnel erleben? Im Rahmen einer Führung kein Problem …**

**← … und dabei geht es auch durch den ca. 30 m langen Besuchertunnel**

Dank des *Berliner Unterwelten e. V.* kann man Berlin zu einigen historischen Themen von ganz unten erleben – ob Bunker, Kalter Krieg oder AEG-Tunnel. Seit 2019 geht es ein kleines Stück durch den »einzigen echten Fluchttunnel« von 1970/71. Bei der Tour »Unterirdisch in die Freiheit« läuft dir 8 m unter der Erdoberfläche ein Schauer über den Rücken, nicht nur wegen der Kälte. Zeitzeugen erzählen von Schicksalen und vom Scheitern, von Mut und Verrat, von Helden und Denunzianten. Die Tunnelbauer und Fluchthelfer brachten seit dem Mauer-Baujahr 1961 bis in die frühen 1980er insgesamt über 300 DDR-Bürger von Ost- nach West-Berlin, sogar mit elektrischem Licht und Feldtelefon. Der nur 135 m lange »Tunnel 29« (1962) und der 145 m lange »Tunnel 57« (1963) sind benannt nach der Zahl der Flüchtlinge, deren Mut sich auszahlte.

Einen weiteren Eindruck von den Fluchttunneln bietet die App »berlinHistory«, in der es den 4,2 km langen Audioweg »Flucht-Tunnel« (2 h) zu Originalschauplätzen mit Zeitzeugen und fiktiven Personen, alten Radio-Reportagen und Musik gibt; das Ganze ist auch als Hörbuch verfügbar (*berlinhistory.app*).

INSIDER-TIPP
**Gänsehaut im Flucht-Tunnel**

**8** **Berliner Unterwelten e. V. • Brunnenstr. 105, 13355 Berlin • berliner-unterwelten.de**

# Achtung! Tiefflieger am Alex

→ Gesichert geht's beim Base Flying nach unten

→ Beim Start sind Mut und Schwindelfreiheit angesagt

**Der Himmel über Berlin.** Was für traumschöne Bilder. Man sieht augenblicklich Wim Wenders' Engel vor sich: Bruno Ganz als beflügelter Damiel auf der Siegessäule und auf dem Ruinenturm der Gedächtniskirche (natürlich alles Fake und damals im Studio produziert). Wer den Himmel über Berlin tatsächlich und leibhaftig, mit Haut und Haaren und fast engelsgleich erleben will, findet womöglich als Base Flyer die Erfüllung. Wenn dir Bungee-Jumping noch nicht das Adrenalin aus den Adern gepustet hat, wirst du beim *Base Flying* vielleicht selig: 125 m im freien Fall durch den Himmel am Alex – einzigartig in Europa.

Von hier oben meist gut zu erkennen: Der Alexanderplatz ist alles andere als romantisch. Ein Kriminalitätsschwerpunkt mit eigener Polizeistation – die niedliche Box in der Mitte namens »Alex-Wache«. Ein heißes Pflaster. Fast täglich Demos (gegen alles), Drogen-Dealer (für alles) und Draufgänger (aller Nationen). Daher ist es schon aus Sicherheitsgründen gar keine schlechte Idee, das Ganze nur aus der Engels- oder Vogelperspektive zu betrachten. Aber deswegen gleich vom höchsten Haus am Platze springen, echt jetzt?!

Unter dir 40 Stockwerke: Dein Herz trommelt, die Knie zittern, der Hoodie flattert im Wind. Keine Sorge, »Freefall« ist natürlich ein bisschen marketing-markig übertrieben, auch Schirm und Wingsuit gibt es hier nicht, leider auch keine Engelsflügel. Du hängst an einer Abseilwinde, und das nur ein paar Sekunden lang. Das Panorama flasht, aber bitte schnell gucken: Es geht mit 90 km/h dem Völkerfreundschafts-Brunnen entgegen. Kleiner Wermutstropfen: Deinen Fanclub musst du dir selbst mitbringen, denn du kannst im Himmel über dem Alex noch so laut schreien – die ganzen Ameisen-Typen da unten, die gucken nicht …

**9** **Base Flying • Park Inn by Radisson Berlin, Alexanderplatz 7, 10178 Berlin • base-flying.de • Mai bis Okt.**

# Zoo & Tierpark mal anders »Abends in den Dschungel«

**Tiere-Gucken am helllichten Tag, das kann doch jeder!** Gorilla, Giraffe & Co. im Sonnenlicht – tausend mal gesehen, tausend mal gepostet. Stopp! Bevor dich jetzt das Gähnen befällt und die Kids das Weite auf dem Handy suchen, hier gibt's was Neues zu erleben, denn Dschungelbuch-Insider und tierisch gute Auskenner wissen: Abends in den Dschungel, das ergibt Sinn!

Erst in der Abenddämmerung erwachen manche Tiere und lassen sich endlich blicken (wie der Biber) oder auch hören – etwa die Wölfe Rinda und Wotan, schaurig-schön heulend. Oder die Weißhandgibbons, die mit ihren Abendgesängen ihr Revier markieren. Im kürzlich umgebauten Regenwaldhaus des *Berliner Tierparks* flitzen Fledermäuse durch die Tropenkulisse, stimmen Singvögel und Frösche ihr Nachtkonzert an. Auch Tiger, Nebelparder und Java-Leoparden werden nun durch ihren nächtlichen Jagdinstinkt munter – von dir nur noch getrennt durch die Panoramascheiben. Die nachtaktiven Tiere erlebst du bei Abendtouren von Juni bis Ende August im Berliner Tierpark und im *Zoologischen Garten*.

Einen verzaubernden Weihnachts-Spaziergang verheißt »Weihnachten im Tierpark«! 2 km, versüßt mit Glühwein, Waffeln und kandierten Nüssen. Die Wege führen dich himmlisch erleuchtet durchs Sternenmeer. Hunderttausende von Lichterpunkten an 30 Lichtinstallationen: von illuminierten Kängurus und Elefantenbabys bis hin zu farbig schillernden Märchenwald-Bäumen. Dort sitzt der Weihnachtsmann unter einem Lichterkettenbaum, hier zieht Rentier Rudolf einen gleißenden Schlitten. Selbst im Teich leuchten Riesen-Seerosen und Sterne. Einfach magisch.

**← Zauberhaft beleuchtet: »Weihnachten im Tierpark«**

**← Gähnen wie der Tiger darfst du, aber mit Schlafen ist bei den Abendführungen nix**

**10 Berliner Tierpark • Am Tierpark 125, 10319 Berlin • tierpark-berlin.de, weihnachten-im-tierpark.de**

**11 Zoologischer Garten • Hardenbergplatz 8, 10787 Berlin • zoo-berlin.de**

# Mit der BVG auf Mini-Kreuzfahrt Über den Wannsee

**→ Für wenig Geld großartiges Urlaubsfeeling – zum normalen AB-Tarif bekommst du deine »Kreuzfahrt« über den Wannsee**

**Ein bisschen Inselhüpfen – aber nur mit den Augen.** Die BVG-Fähre F10 schippert quasi von Küste zu Küste, auf kürzestem Weg von Zehlendorf nach Spandau übern Wannsee. Aber die 20 Minuten auf der *»MS Wannsee«* fühlen sich an wie eine Woche Urlaub …

Zugegeben: Der Wannsee ist weder Karibik noch Gardasee, auch wenn sich manch Passagier nach dem Anlegen an der Promenade im idyllischen Alt-Kladow zumindest bei Sonnenschein sofort an die Adria versetzt fühlt. Eiscafé, Bistro, Biergarten, Pizzeria. Und Camping in Havelnähe.

Aber der Reihe nach. 1892 begann der Fährbetrieb auf dem Wannsee, damals für ein paar Groschen. Bis heute kostet dich diese Mini-Kreuzfahrt nichts extra, nur den normalen BVG-Fahrschein. Echt verlockend als Alternative für eine Dampferfahrt. Zuerst tuckert die Fähre über den Großen Wannsee, vorbei an der gelben Sandpiste des berühmten Strandbads. Segelboote kreuzen im Wind, hier ein Ruderboot, dort eine Schwanenfamilie – und manchmal hat der Kapitän Schwimmende vorm Bug. Steuerbord erscheint das grüne Schwanenwerder, wo einst Reichspropagandachef Joseph Goebbels und Verleger Axel Springer in Luxus-Villen wohnten – auch heute noch Berlins exklusivste Adresse!

Schau nach Backbord: Der winzige Fleck Kälberwerder ist gänzlich in der Hand von Ruderern, und das Inselchen Imchen kurz vor dem Kladower Hafen gehört allein den Fischreihern, Kormoranen und anderen gefiederten Bewohnern. Nach 4,4 km legt die MS Wannsee in Alt-Kladow an – und der Kurzurlaub kann beginnen: Von den Jachten her hört man die Masten klimpern, am Ende der Promenade lockt ein kleines goldgelbes Strandidyll. Und im Sommer (voll) wie im Winter (leer) geht's auf der Berlin-Kreuzfahrt zurück – geradewegs in den Sonnenuntergang.

**12** **MS Wannsee F10 • Ronnebypromenade, 14109/14089 Berlin • bvg.de**

WANNSEE

TOUR
GUIDE

# Heiliger Rasen Backstage im Olympiastadion

**Das *Berliner Olympiastadion* kennt die ganze Welt.** Auf eigene Faust lässt sich die Arena und ihr Umfeld gut erkunden. In die verborgenen Eingeweide des monumentalen Bauwerks dürfen Normalsterbliche auch – aber nur mit den Oly-Tour-Guides.

Dabei geht es unterirdisch durch die Katakomben, zu entdecken gibt's (düstere) Geschichte und Geschichten bis in die (glorreiche) Gegenwart. Backstage, Skyboxen, Players Lounge. Nicht nur Fußballfans geraten ins Schwärmen angesichts des Baudenkmals der Superlative mit 74 475 überdachten Sitzplätzen. Auch tief unter dem »heiligen« Rasen ist alles pure Gigantomanie. Endlose Säle und Tunnel, riesige Treppenhäuser und ein hohes Atrium über vier Etagen. Ein Hingucker: Durch das VIP-Foyer Süd zieht sich eine »Bauhaus-schöne« Treppe – 8 m hoch – und endet: an der Decke.

Man entdeckt Kurioses wie die erstaunlich schlichten »Entmüdungsbecken« (die reihum gereichten Champuspullen im Jacuzzi kannst du dir dazu denken), den »Reportergraben«, edelhölzerne VIP-Lounges und den eleganten Coubertin-Saal. Und wer weiß schon, dass man die stimmungsvolle, vor lauter Blattgold strahlende Stadionkapelle für die eigene Trauung buchen kann?! Oder doch lieber den »Cooking Club« für eine echt coole Küchenparty ...?! Nur eines ist und bleibt tabu: der grüne Rasen!

Natürlich will jeder Fußball-Fan einmal im Leben das »Sommermärchen« 2006 nachempfinden und in der Kabine seiner Nationalhelden Platz nehmen, und vielleicht hat gerade hier »Capitano« Michael Ballack gesessen ... Echte Hertha-Fans buchen die Hertha-BSC-Tour, am Tag nach einem Spiel herrscht manchmal sogar noch von den Spielern hinterlassenes Chaos im Allerheiligsten.

**← Der Guide hat viel zu erzählen – über die Geschichte des Stadions, seine Architektur und ...**

**← Hier wird zu den (Sport-) Göttern gebetet – in der Kapelle des Berliner Olympiastadions**

INSIDER-TIPP
**Helden (fast) hautnah**

**13** **Olympiastadion Berlin • Besucherzentrum am Osttor, Olympischer Platz 3, 14053 Berlin • olympiastadion.berlin (vorab unbedingt telefonisch oder online informieren)**

Hat da jemand »Essen« gesagt? Na klar! Aber nur das leckerste und nur in der schönsten Umgebung. Geh auf Foodietour! Frühstück im Bundestag oder in einer früheren Kapelle, genieße Thai-Streetfood im Park und natürlich die beste und schärfste Currywurst. Dazu oder danach noch eine Berliner Weiße, mit ganz modernem Twist?

# Die Lecker bissen

## Verführerisches von süß bis deftig

Café
AKAO-SCHOKOLADEN
LIVE-MANUFAKTUR

# Einfach reinbeißen!
# Berlins Schokoladenseite

**Schoko-Junkies kennen das:** Zuerst wird man nervös, dann unwirsch, wenn kein Nachschub in Mundnähe ist. Ein Jieper, wie die Berliner sagen. Wer seinen »Stoff« verzweifelt sucht, kommt um den *Süßkramdealer* nicht drumherum. Martin Hesses süßes Laden-Café und seine Berlin-Box stecken voller süchtig machender Versuchungen: herbe Mokkabohnen und Schokosalzstangen von Berliner Chocolatiers, eine Berliner Salami (aus Mandelnugat) und der Fernsehturm zum Lutschen als Lolli.

Noch Entzugserscheinungen? Die Schokoladenseite von Berlin lässt sich auch bei *Das süße Leben* finden: mit Tafeln und Konfekt voller Berlin-Motive und Schoko-Bären zum Mitnehmen. Neu sind die »Stadtteil-Schokoladen Preussisch süß«, z. B. Reinickendorf aus Banane, Curry, Sesam und Latschenkieferöl – wer's mag …

Und schließlich die Überdosis – wo sonst als im »größten Schokoladenhaus der Welt«! Auf drei Etagen am Gendarmenmarkt stapeln sich im *Rausch Schokoladenhaus* die süßen Rausch-Mittel, von handgemachten Tafeln und Pralinen bis hin zu Törtchen, Prosecco-Creme und Trinkschokoladen. Es duftet nach Kakao, dann spürst du beim Reinbeißen den »Knack« – so muss sich Schokolade-Naschen anhören! Im Schoko-Rausch würde manch ein Kunde sogar die Deko vernaschen: das riesige Brandenburger Tor oder Berliner Bären in Kindesgröße – für Kalorienbewusste gibt's die Bären auch in üblichen Dealermengen zu 10 g …

**← Im Rausch Schokoladenhaus bist du im puren Schoko-Paradies!**

1. **Süßkramdealer • Varziner Str. 4, 12159 Berlin • suesskramdealer.de**
2. **Das süße Leben • Salzburger Str. 7, 10825 Berlin • das-suesse-leben.de**
3. **Rausch Schokoladenhaus • Charlottenstr. 60, 10117 Berlin • rausch.de**

# Höher geht's nicht
# Im Bundestag fein schmausen

**→ Großartiger Ausblick vom Wintergarten des Käfer Berlin und …**

**→ … ebenso großartiges Essen, hier das Wohlfühlfrühstück!**

**Der Käfer auf dem Dach ist besser als eine Wanze im Parlament!** Wer sich nach einem Rundgang im Reichstagsgebäude oben auf dem Dach ein Plätzchen reserviert, muss nicht gleich eine Rede halten. Ganz anders als im Parlamentssaal eine Etage tiefer geht es im *Käfer Berlin im Deutschen Bundestag* ziemlich entspannt zu. Ob zum »Wohlfühlfrühstück« (32,50 Euro), Kaffeeplausch oder 7-Gang-Dinner (109 Euro): Mit der Reservierung in dem Gourmet-Lokal kannst du dir auch gleich die Schlange am Besucherzugang zur Reichstagskuppel schenken.

Von hier oben gehen die Augen auf Wanderschaft, ganz ohne Glasbarriere. Das Häusermeer verschluckt den Blick gen Osten. Türme, Kuppeln, Kräne. Das Panorama auf der Dachterrasse ist erhaben, das kulinarische Niveau gehoben, und so könnte man auch schwindelerregende Preise erwarten – von wegen! Natürlich sind die Getränkekosten gesalzen, aber mal ehrlich: Wo sonst in der Welt kannst du in einem Parlamentsgebäude, im »einzigen öffentlich zugänglichen Parlamentsrestaurant weltweit«, zu erschwinglichen Preisen speisen – direkt über den Köpfen deiner Volksvertreter!

Und was soll's, man gönnt sich ja sonst nix! Alle Köstlichkeiten, herausragend die Desserts, sind so liebevoll arrangiert, als sollten sie mit der Skyline konkurrieren – in der Tat scheint die Hälfte der Gäste mit dem Fotografieren ihrer Teller beschäftigt zu sein. Der Secco perlt voller Übermut, die gläserne Kuppel lässt ihre 360 Spiegel blitzen und leuchtet hell im Abendhimmel – und die Stadt liegt dir zu Füßen.

**4** **Käfer Berlin im Deutschen Bundestag • Platz der Republik, 11011 Berlin • feinkost-kaefer.de • Einlass nur mit Reservierung**

CURRY & CHILI
TEAM
KASSE
DANKE
DEIN
CURRY & CHILI
TEAM

# Autsch!
# Berlins schärfste Currywürste testen

**Wahrlich nichts für Weicheier und Warmduscher:** Die kulinarische Mutprobe bei Frank Spieß im tiefsten Wedding »tut richtig weh, aber da werden auch Endorphine ausgestoßen«, sagt der Chef grinsend, »bei mir gehen die Leute glücklich nach Hause!« Zwölf Schärfegrade bietet sein *Curry & Chili* zur Auswahl, Chili-Novizen tasten sich lieber vorsichtig voran: von banalem Paprikapulver über Chili-Körner bis zur explosiven Habeneropaste und – Schnappatmung! – Carolina Reaper, der schärfsten Chilischote der Welt! Losheulen und Feuerspeien inklusive.

**← Trau dich! Frank Spieß von Curry & Chili reicht dir feurige Currywürste in verschiedenen Schärfegraden**

»Darf's etwas Opium sein?!« Dealer trifft man in Berlin auf Schritt und Tritt, aber bei *Curry Wolf* am Brandenburger Tor gehört diese Frage zum Service: Die scharfe Spezialsauce mit klein gehackten Zwiebeln macht süchtig und gibt's auch unverdächtig zum Mitnehmen: im Glas mit praktischem Bügelverschluss.

INSIDER-TIPP
**Scharfes to go**

Bei *Ketch'up 35* wird die tomatige Currytunke mit Knoblauch scharf gemacht – wem das nicht reicht, der bestellt dazu: Jalapeños! Ur-Berliner schwören auf den Imbiss im Britzer Industrie-Ambiente, wo bereits die vierte Generation die Kult-Wurst mit einer Portion Berliner Witz serviert. Da kann noch so viel Hype um Curry-Buden im Stadtzentrum gemacht werden, das abseits gelegene Blockhaus toppt sie alle: mit rustikal-gemütlichem Mobiliar und Parkplatz! Den »Schnauze-mit-Herz«-Umgangston verstehen hier nicht gleich alle – und das ist vielleicht auch ganz gut so ...

5 **Curry & Chili • Osloer Str., 13359 Berlin • curry-chili.de**

6 **Curry Wolf • Unter den Linden 77, 10117 Berlin • curry-wolf.de**

7 **Ketch'up 35 • Gradestr. 35, 12347 Berlin • ketchup35.de**

# Retter der Waldmeisterblätter In der Bonbonmacherei

**→ Von Hand hergestellt – aus dem Bonbonteig entstehen Zitronenbonbons**

**→ Die grünen Klassiker nach traditionellem Rezept: Berliner Maiblätter**

**INSIDER-TIPP**
**Mit Lecker-Garantie!**

**Es war einmal: ein Bonbon.** Das zerging zart und hauchdünn auf der Zunge. Grün, sauer-fruchtig und lecker. Oma Martha holte die Waldmeisterblätter wie eine gute Fee aus einer Bonbonniere ganz oben auf ihrem Küchenregal. Und sie waren so waldmeister-säuerlich, dass sie der kleinen Berliner Göre fast die schwarzen Lackschühchen auszogen.

In Berlin bekommt man heute bekanntlich Süßes und Saures aus aller Welt, ob Surskallar aus Schweden, australische Kekse oder mexikanische Lutscher. In den Heckmannhöfen in Mitte werden ur-berlinerische Kindheitserinnerungen geweckt. Katja Kolbe und Hjalmar Stecher produzieren süße Klassiker wie vor hundert Jahren: an fast archaisch wirkenden Maschinen in einem fast ausgestorbenen Beruf mit fast verschwundenem Süßen – wie den Berliner Maiblättern in Waldmeister-Grün.

Damit die Sprösslinge nicht denken, Bonbons »wachsen« in der Plastiktüte: Per Telefon erfahrt ihr, wann man den Berliner Bonbonmachern über die Schulter gucken und miterleben kann, wie die Leckereien in schweißtreibender Handarbeit am Feuer aus glibbrig-schleimiger Masse entstehen – nach Kochen und Kneten mithilfe von Ledertuch, Spachtel, Bonbonwalze und: Ventilator.

Handgemachte Naschereien von sauer bis scharf in Berlins einziger Bonbon-Werkstatt mit Laden und Schauküche: »Vom Kupferkessel in den Mund«, wie Katja Kolbe verspricht, während sie die mundwässernde Nostalgie in der *Bonbonmacherei* abwiegt und eintütet: Seidenglanzbonbons wie Knusper-Münzen und Pfefferminzkissen, Nougat-Zungen und Mokka-Bohnen, natürlich auch Exotisches wie Lemongrass, Ingwer und Piña Colada. Immer dabei – das muss hier so sein: Unmengen von Zucker. Wie zu Oma Marthas Zeiten. Ende gut, alles gut!

**8** **Bonbonmacherei • Heckmannhöfe, Oranienburger Str. 32, 10117 Berlin • bonbonmacherei.de**

BONB
mac

# Berliner Wein – dit lass sein ...?! Denkste!

**Mit dem Berliner Wein ist es wie mit dem Karneval in der Stadt** – nur eine Handvoll Liebhaber nimmt ihn ernst. Oder es fallen gleich Juxnamen wie »Gruselkabinett«. Dabei sind die Spuren der Berliner Weinbauhistorie eindeutig! Weinbergswege, Weinmeisterstraße, selbst eine Weinkönigin wird hier gekürt. Mönche legten am Kreuzberg im 12. Jh. die ersten Weinstöcke für den Messwein an, Ritter machten es ihnen nach. Die »Kleine Eiszeit« , der Dreißigjährige Krieg, eine Rebstockkrankheit und die Vorliebe für bayrisches Bier beendeten das weinselige Treiben.

Seit den 1960ern gedeihen im *Viktoriapark* in Kreuzberg wieder rund 300 Rebstöcke. Prenzlauer Berg hatte einst sogar eine Traube im Wappen, und so wachsen auch hier wieder 650 Weinstöcke: Die 1700 Riesling-Flaschen (2021) sind begehrt, vor allem bei den Zugezogenen aus Weingegenden, erzählt Frank Pietsch vom *Weingarten Berlin e. V.*, »trotz des stattlichen Preises« (12 Euro). In der größten und ländlichsten *Britzer WeinKultur* bilden die ca. 1500 Rebstöcke im Sommer eine schöne Kulisse für Open-air-Konzerte, Lesungen und die Wahl der Weinkönigin.

Im Oktober ist Weinlese mit Weinfest, Besucher sind in allen drei Weingärten willkommen – nach Anmeldung für eine kleine Berliner Bacchus-Führung mit Weinverkostung, auch die Britzer handgekelterten »Schnieke« (weiß) und »Knorke« (rot) gibt's vor Ort zu genießen und im eigenen Hofladen wochentags zu kaufen.

**← Aus diesen Trauben entsteht »Der Besondere« – und der Verein Weingarten Berlin e. V. im Prenzlauer Berg kümmert sich darum!**

**9** **Viktoriapark • Methfesselstr. 10–12, 10965 Berlin • Tel. 01 76/62 58 90 65, Hannes Lewerenz**

**10** **Weingarten Berlin e. V./Weinbergspark • Am Weingarten 16, 10407 Berlin • berliner-riesling.de**

**11** **Britzer WeinKultur • Koppelweg 70, 12347 Berlin • berliner-weinkultur.de • Mo–Fr 9–13 Uhr**

# Kieziger Bauernmarkt Comeback der »Dicken Linda«

→ **Rein damit! Wein, Blumen und Gemüse wandern in die vollgepackte Tasche**

**Manch ein Berliner kennt sie noch aus Kindertagen,** schön gelb, schön festkochend: »Die dicke Linda«. Der gleichnamige Neuköllner Bauernmarkt ist eine doppelte Erfolgsgeschichte. Auf dem verschlafenen Kranoldplatz (nicht zu verwechseln mit dem Kranoldplatz-Markt in Lichterfelde!) hatten engagierte Anwohner vor einigen Jahren nicht nur den samstäglichen Wochenmarkt wiederbelebt, sondern auch die beliebte Kartoffelknolle gerettet. Die »dicke Linda« würde es am Stand von Bio-Bauer Klaus Mruk aus dem Schlaubetal vermutlich nicht mehr geben, hätten sich nicht aufmüpfige Bauern und Slow-Food-Enthusiasten jahrelang für sie stark gemacht und wären nicht gegen einen Kartoffelzucht-Giganten sogar vor Gericht gezogen. Der wollte die dicke Linda bzw. ihr Saatgut aussterben lassen … Skandal!

Der wieder auferstandene Regionalmarkt *»Die dicke Linda«* ist überschaubar, etwa 30 Händler, allesamt kleine Erzeuger aus dem Bezirk und Brandenburger Landwirte, die Gutes, Handgemachtes und Gesundes unter die Nachbarschaft bringen. Ein echter Kiezmarkt. Kinderbuggy neben Rollator, auf den Bierbänken genießt man Espresso, Wein von Daniels Traubenreich-Stand oder »entalkoholisierten« Secco zu Kuchen und Snacks, Suppen und Wurst. An den Ständen: Zucchini, dick wie die Arme eines Sumoringers, und Kürbisse im Format von orthopädischen Sitzbällen. Boskop und Elstar sind heimische Apfelsorten aus einer alten Barnimer Bauernfamilien-Tradition. Die Erdbeeren kommen aus dem Wald und nicht aus Gewächshaus-Spanien, der Zander stammt aus Löcknitz vor den Toren der Stadt, das Wild in der Bratwurst wurde von heimischen Jägern erlegt. Und sogar der goldgelbe Kuchen heißt hier noch immer wie bei Muttern: Käsekuchen. Man ist hier ja schließlich in Neukölln und nicht Neuyork, wa!

**12** **»Die dicke Linda« • Kranoldplatz, 12051 Berlin • Facebook: dickelindamarkt**

diemarktplaner
DIE DICKE LINDA
Regionalmarkt auf dem Kranoldplatz
Jeden Samstag von 10 bis 16 Uhr

# »Volle Pulle Berlin«
# Reinschnuppern in legendäre Brennereien

→ Da kann man reinschauen! Und zwar auch von oben in die gläserne Manufaktur Mampe …

→ … wo es das Hochprozentige natürlich auch zu kaufen gibt

**Immer wenn der Opa vom sagenhaften »Lufthansa-Cocktail« geschwärmt hat,** dann hörte man fast das Eis im Tumbler klirren. Das Kultgetränk aus den 1960ern servierten Stewardessen an Bord der Luftlinie, und bald hatte halb Berlin den praktischen, weil Flaschen-gereiften Cocktail von Mampe in der Hausbar.

Die älteste Berliner Spirituosen-Manufaktur *Mampe* produziert seit 1831 handgemachtes Hochprozentiges: ob den gehaltvollen »Ku'damm 15 Gin« oder »Kreuzberg 61«, den »Elefantenkümmel«-Schnaps oder Pfefferminzlikör mit einer Prise Vanille. In einer quasi gläsernen Manufaktur in den schönen alten Fabrikhallen im Bergmann-Kiez werden Weizen und Kräuter zu Schnaps – ohne Chichi, aber natürlich mit Verkostung vor dem Kauf! Auch Schnapsbrenner können hier bei Workshops noch was dazulernen.

INSIDER-TIPP
Kümmel dich drum

Ein Mampe-Kümmelschnaps hört sich als Shot gewöhnungsbedürftig an, aber 4 cl davon verfeinert mit 4 cl Rote-Beete-Saft, Apfelsaftschorle, Eiswürfeln und ein bisschen Basilikum-Deko oben drauf klingt doch vielversprechend – für Experimentalisten.

Wenn es um Berliner Feuerwasser geht, lässt auch die *Preussische Spirituosen Manufaktur* in Wedding den alten Geist aufleben, etwa als süffigen »Mandel Geist«. Blitzeblanke Kupferkessel und andere Destillationsgeräte aus der alten Versuchs-Likör-Fabrik von 1874 dienen heute noch als »aktives Museum« bei Führungen mit anschließender Probierrunde.

**13** **Mampe Spirituosen • Am Tempelhofer Berg 6 (Sudhaus), 10965 Berlin • mampe.berlin**

**14** **Preussische Spirituosen Manufaktur und Museum • Seestr. 13, 13353 Berlin • psmberlin.de**

LIQUID BERLIN

# Mahlzeit!
# Eine Mittagspause für Architekturfans

→ **Leckeres Essen und Treffpunkt für alle: die Kantine ExRotaprint**

**Der alte Arbeiterbezirk Wedding wie unter einem Brennglas – aber anders, als man denkt.** Vorweg erst einmal: Die Kantine auf dem Gelände des ExRotaprint ist keine Schönheit, aber offen für alle. Und sie punktet mit herzhaft-frischen Speisen für Frühstück, Mittagstisch und Kuchen-Päuschen, schnellem Service und – wie gut: Laptops auf dem Esstisch sind verpönt.

Hier kennen dich alle mit Vornamen, spätestens dann, wenn der Name nach Bestellung und Bezahlung aufgerufen wird. In der *Kantine ExRotaprint* speisen Musiker und Hausmeister Teller an Teller, Möbeldesigner und Gebäudereiniger, Arbeitslose und Tischler, Sprachschüler aus Syrien und Anwälte aus dem nahen Amtsgericht. Aber ExRotaprint ist nicht nur »typisch Berlin«, also ein leidenschaftliches Mieterschutz-Projekt für Arbeit, Kunst und Soziales. Das einst industrielle Gebäudeensemble ist auch eine tolle Symbiose aus Alt und Neu: ein faszinierendes (wenig bekanntes) Baudenkmal, wo die Gründerzeit auf die Berliner Nachkriegsmoderne trifft.

Nach dem Essen lohnen sich – nicht nur für Architekturfans – ein paar Schritte ums Karree: Da ist der seltsam verdrehte und dadurch ziemlich plastisch wirkende kubistische Eckturm neben dem Eingang, seit 1958 unverputzt-unvollendet und schön. Gleich um die Ecke die Montagehalle mit gläsernem Treppenhaus. Das Gelände ganz hinten begrenzt die »Glaskiste« mit rot umrahmter Fensterfront. Der originelle 1950er-»Kistenturm« mit seinen auf fünf Etagen gestapelten weißen Boxen ist leider nur noch teils vom Discounter-Parkplatz in der Reinickendorfer Str. zu sehen.

INSIDER-TIPP
**Schöner Wohnen im Baudenkmal**

Dir hat's hier gefallen und du willst noch etwas bleiben? Kein Problem: Es gibt zwei schöne Gästewohnungen im Baudenkmal, mit Küchenzeile, Balkon und allem Pipapo – zum kleinen Preis!

**15** **Kantine ExRotaprint • Gottschedstr. 4, 13357 Berlin • haus11catering.de, exrotaprint.de**

Kantine
Ausgabe

# Krosses von der Wiese Thai-Streetfood für Mutige

← Darf's mal was Ungewöhnliches sein?

**Es müssen ja nicht gleich die gegrillten Kakerlaken oder panierten Hühnerfüße sein!** Asien-Liebhaber, die unter akutem Fernweh leiden, trifft man regelmäßig im Wilmersdorfer Preußenpark. Der trägt längst einen anderen Namen: Im *Thai-Park* duftet es nach authentischen Thai-Genüssen. Der Som-Tam-Papaya-Salat putzt dir ordentlich den Rachen, das Grüne-Hühner-Curry jagt dir die Tränen in die Augen. Und erst die Delikatessen: lecker Insekten-Food!

Mit ihren essbaren Insekten liegen die Thais voll im Trend: reinste Biokost, nachhaltig und im Überfluss vorhanden. Und gesund sind die eiweißreichen Kriechtierchen aus der Zucht allemal – manche sind sogar aphrodisierend, sagt man. Also her mit den frittierten Heuschrecken *(jing reed)*, die auch als salziges Popcorn oder als Salzstangen durchgehen könnten, so wie die Mehlwürmer an knusprige Chips erinnern. Die etwas zitronig und nach Hühnchen schmeckenden Riesenwasserwanzen *(malaeng da na)* werden oft mit Kakerlaken verwechselt und ohne Panzer verspeist.

Auch Nicole Sartirani schwört auf Insekten-Food als Nahrung der Zukunft: Sie züchtet Mehlwürmer auf der einzigen Berliner Mehlwurmfarm, serviert Insekten-Tapas auf Streetfood-Märkten in und um Berlin und zeigt bei Kochkursen, wie man Insekten lecker zubereitet, etwa karamellisiert *(mikrokosmosberlin.com)*.

INSIDER-TIPP
**Da ist der Wurm drin!**

Aus dem Streetfood-Markt wurde übrigens an Sommerwochenenden ein überlaufenes Open-air-Spektakel, das der grünen Wiese den Garaus machte. Und das Krasseste: alles illegal, mehr als 100 Gar-Köche! Das Anarchie-Ende ist seit 2021 in Sicht: Alles ist nun mehr durchreguliert mit Gewerbeschein, eine Markthalle soll folgen, mehr Toiletten und hoffentlich bald: weniger Plastikmüll.

**16** **Thai-Park (Preußenpark) • Brandenburgische Str., 10707 Berlin • thaipark.de • April–Ende Okt.: Fr–So 10–20 Uhr**

# Mit Gottes Segen
# Frühstücken in der Kirche

→ **Die Atmosphäre des 21 gramm in einer ehemaligen Kapelle ist einzigartig!**

**Morgens immer Schrippe, Marmelade, Wurst und Käse – ist doch langweilig!** Das *21 gramm* ist zweifellos eine Guten-Morgen-Oase in Neukölln. Da kann es draußen auf der Multi-Kulti-Hermannstraße noch so herüberhupen – vom hübschen Hof der Frühstückskapelle am St.-Thomas-Kirchhof prallt das ab. Ein göttlicher Segen?! Auf jeden Fall lässt es sich zwischen Kissen, wildem Wein und Lichterketten hervorragend in den Tag reinlümmeln.

Drinnen ist es noch viel schöner: Das über 150 Jahre alte backsteinerne Gemäuer begeistert mit hohem Deckengewölbe, von tempeldicken Säulen mit Kapitell-Stuck-Kranz getragen. Buntglasfenster lassen nur weiches Licht herein, und Bibelsprüche schmücken die Wände. Man kommt sich ein bisschen vor wie in »Der Name der Rose«, wäre da nicht ab und zu das Zischen und Klappern von der Bar. Langschläfer können hier bis 16 Uhr zur Frühstücks-Besinnung kommen, danach reichen die Klosterbrüder und -schwestern die (überschaubare) Karte fürs Abendmahl.

INSIDER-TIPP
**Vom Frühstück zum Abendmahl**

»21 Gramm« ist übrigens entliehen vom Film des mexikanischen Regisseurs Alejandro González Iñárritu, der wiederum auf den recht bizarren Versuchen des Dr. Duncan Macdougall basiert: Dieser Möchtegern-Frankenstein wollte so 1907 in Boston das durchschnittliche Seelengewicht erfasst haben …

Einen originellen Twist bei der Frühstücksauswahl – ebenfalls regional und hausgemacht – beweist auch das *Frühstück 3000* in Schöneberg: vom veganen Bircher Müsli mit Kokosmilch und Banana Bread mit Curryamaranth bis hin zum Bauernfrühstück, hier veredelt mit Trüffelbutter.

**17** **21 gramm • Hermannstr. 179, 12049 Berlin • 21gramm.berlin**

**18** **Frühstück 3000 • Bülowstr. 101, 10783 Berlin • fruehstueck3000.com**

MARLENE
Original Berliner Weisse
Berlin
SCHNEEEULE

# Junge Bierbrauer
# Berliner Weiße mit dem besonderen Dreh

**Berlin ist das Eldorado der Craftbier-Brauereien.** Hier experimentiert jede kleine Community mit aromaintensiven Bieren: Die Dänen brauen ihr Monk's Brew, die Kanadier ihr Jelly King und die Russen ihr BOOKS about UFOs. Für explizite Berliner Bierkultur und bodenständige »wilde Biere« stehen die jungen Macher um Braumeisterin Ulrike Genz von der Schneeeule. Sie verhalfen einer urberliner Spezialität zur Renaissance: die Berliner Weiße.

Das milchsauer-vergorene Schankbier (3–4 % Vol.), das den vertriebenen Hugenotten zu verdanken ist, war immerhin bis vor 100 Jahren das in Berlin meistgetrunkene Gesöff – eimerweise, weil damals genießbarer als das Trinkwasser. Wer nun die Nase rümpft über das Bier »mit Schuss« (grün: Waldmeister-Sirup, rot: Himbeere), der sollte wissen: Berliner Weiße ist nicht nur mega erfrischend, sondern in der Flasche nachvergoren – wie auch Champagner! Das verrät die diplomierte Ingenieurin, eine Berliner-Weiße-Expertin schon seit ihrem TU-Studium und nach diversen Heimbrauerei-Versuchen. Nach der eigenen Brauerei in Tegel öffnete 2020 der *Schneeeule Salon* in Wedding: Hier kannst du dich durch diverse Weiße-Jahrgänge nach traditioneller Rezeptur kosten und den modernen Schneeeule-»Twist« ausprobieren: Berliner Weiße mit Ingwer, Blüten oder einer Prise Chili.

Zusammen mit der ostberliner *Brewer's Tribute* entstand die wild-fruchtige »Sandy aus Marzahn«, die Berliner Weiße mit Sanddorn. Die Marzahner Brauer und Mälzer machen ebenfalls leckere Biere mit Honig und echter Bourbon-Vanille. Zum Mitmachen und Neunmalklug-Mitreden gibt es hier sogar Braukurse!

**← Der Kopf dahinter: Brauerin Ulrike Genz ist die Gründerin der Schneeeule Brauerei**

**← »Marlene«, benannt nach Marlene Dietrich, ist die Traditionelle unter den Berliner Weißen der Schneeeule**

**19** **Schneeeule Salon & Bottleshop • Ofener Str. 1, 13349 Berlin • schneeeule.berlin**

**20** **Brewer's Tribute • Zur Alten Börse 41 (Halle 3), 12681 Berlin • brewers-tribute.com**

# Original & originell

# Baum- und Pfannkuchen

**Endlich – Pfannkuchen nicht nur zu Fasching und Silvester.** Vergiss Donuts und Brownies! Vergiss »Berliner« und »Krapfen«! Derartige Wortgerangel gibt es beim Baumkuchen zwar nicht – der heißt deutschlandweit so – und doch birgt auch diese Leckerei ein Berliner Geheimnis.

Baumkuchenliebhaber aus allen Bezirken zieht es in die Steglitzer *Konditorei Rabien*. Die »Potsdamer Hofconditorei« von Ernst Rabien hatte schon 1878 mit ihrem feinen Nasch-Handwerk die preußischen Könige und adligen Damen verwöhnt. Heute versendet die vierte Konditormeister-Generation ihren Baumkuchen bis nach L.A. und Tokio. Der Clou: Der Eischnee wird dem Teig extra untergehoben, dann wird's auch schön saftig. Bei Rabien dreht sich das Spezialitäten-Gebäck zudem auf einer Welle vor der offenen Flamme, so wird süße Schicht für süße Schicht goldig gebacken, ehe die Veredelung drankommt – und nein, das ist nicht der dunkle Zartbitterschoko-Guss, sondern traditionell wie beim 140 Jahre alten Original: die weiße Glasur!

Du hast jetzt noch Lust auf was anderes Süßes? Auf nach Friedrichshain zu den Retterinnen des Berliner Pfannkuchens! Man möchte sich durch alles durchfuttern, so fluffig und toll bekrönt sind die handgemachten Preziosen beim *Sugarclan*: mit Kokos und Kirsche, Blüten, Pistazien oder salzigem Popcorn. Von Quietscheentengelb bis zuckersüßer Traum in Pink. Klassisch gepuderzuckert mit Erdbeere oder glasiert mit Pflaumenmus-Füllung. Geschmacksausflüge von Blaubeer-Minze bis Schoko-Schock. Süffig mit Schampus, Glühwein oder Rum. Alles ist möglich!

**← Am Tresen des Sugarclan: Geschäftsführerin Britta Sarnes inmitten echter Berliner Pfannkuchen**

**← Egal ob mit Himbeeren oder Nutella – die handgemachten Sugarclan-Leckereien heißen immer: Pfannkuchen!**

INSIDER-TIPP
**Kuchen vom Grill**

**21 Konditorei & Café Rabien • Klingsorstr. 13, 12167 Berlin • rabien-berlin.de**

**22 Sugarclan • Grünberger Str. 85, 10245 Berlin • sugarclan.de**

# Bulette, Molle & Korn
# Urige Kneipen

**→ Wie herrlich das duftet! Im Wilhelm Hoeck kannst du dir ein köstliches Wiener Schnitzel bestellen**

**Kolleje, kannst dir noch erinnern:** Die 60er in Neukölln, da war – unjelogen! – an jede Ecke eene Eck-Kneipe, Bundesliga lief inne Glotze, und die Musike kam vonner Walze aussem Groschengrab (Jukebox mit kleinen schwarz-gerillten Schellackplatten, das war Streamen per Knopfdruck). Hier konnte man »futtern wie bei Muttern«: Soleier, Rollmops und Buletten an der Theke zu Molle & Korn – auch wenn der Rauch in der Luft hing wie Nebel an einem Novembermorgen.

Die Berliner Kneipen haben Kriege und Rauchverbot überlebt, aber der Neuköllner Reuter-Kiez und halb Friedrichshain scheinen schon verloren an hippe Retro-Bars mit »Mixologists« aus Madrid und New York. Also schnell noch hier hin: zu zwei Orten der authentischen Berliner Biertheken-Kultur mit Flüssignahrung.

Nichtraucher müssen jetzt ganz tapfer sein! Aber allein für die Blümchentapete muss man die *Bier-Bar* einfach lieben und Klaus gleich mit: den Wirt vom alten Schlag. Einer, der seine Gäste noch von ganzem Herzen feste drückt, egal ob sie Bierbauch oder Hipsterbart tragen. Wo auch der Gast mal DJ sein darf und Armdrücken auf der Theke zum Entertainment gehört wie Billard, Dart und lecker Pils vom Fass. Und so sammelte ein riesiger Fanclub Spenden zur Rettung der unscheinbaren Kneipe. »Ich hab' gar nicht gewusst«, sagt Klaus und und wirkt noch immer etwas verdattert, »wieviele sich hier so wohlfühlen.«

Jut so, Daumen hoch, ditte hat jeklappt! Auch bei einigen urberliner Stammtisch-Klausen: Im *Wilhelm Hoeck* kannst du gleich noch weiter in der Zeit abtauchen, ins (Gründungs-) Jahr 1892 – mit echter Berliner Hausmannskost von Blutwurscht über Königsberger Klopse bis Kohlroulade. Juten Appetit!

**23** **Bier-Bar • Kopernikusstr. 9, 10245 Berlin • Facebook: bierbar.berlin**

**24** **Wilhelm Hoeck • Wilmersdorfer Str. 149, 10585 Berlin • wilhelm-hoeck.de**

# Zum Picknick in Berlin Drei Mezzeteller

**Auf dem Tempelhofer Feld spazieren macht hungrig:** Ismail Aksünger vom Restaurant *Meer & Mehr* nahe Platz der Luftbrücke löst das Problem und versorgt euch mit Picknickkorb und Decke, Wein oder Raki. Dazu gibt's hausgemachte Vorspeisen aus dem türkischen Meze-Himmel, auf Wunsch auch mit Fisch und Lamm.

Das *Beba* im Martin-Gropius-Bau hat sich einen Namen gemacht mit frischer israelischer und zumeist vegetarischer Küche und bietet auch ein »Picknick-Paket« an: mit Hummus und Auberginensalat, Blumenkohl in grünem Tahin, Rote-Beete-Salat, Labneh und Challah, viel Koriander, Dips und Chilipaste.

Newcomer in der Berliner Foodie-Szene sind *Dr & Dr Middle Eastern Culture & Food Lab*, hinter dem etwas anstrengenden Namen stehen zwei iranische Wissenschaftlerinnen: Die Zwillingsschwestern Forough und Sahar Sodoudi haben 2020 sogleich den Deutschen Gastro-Gründerpreis abgesahnt, dabei ist ihre Idee so banal wie genial: mittelöstliches Fingerfood zum Mitnehmen. Eine kulinarische Reise von Kairo über den Libanon nach Teheran. Die Speisen klingen schon mal wie in »Tausendundeine Nacht«: Babaganoush, Borani Laboo, Kookoo Sabzi. Neben ihren Kochkursen sind die goldenen Mezzeteller to go mit Feigen, Pinienkernen und Safranküchlein der Renner. Ein einziger bunter Augenschmaus. Wahrlich ein lukullisches Kunstwerk, das man durchs nahöstliche Schnabulieren gar nicht zerstören möchte.

**← Da weiß man gar nicht, wohin man zuerst gucken oder reinbeißen soll: der Mezzeteller von Dr & Dr Middle Eastern Culture Food Lab**

**25** **Meer & Mehr • Manfred-von-Richthofen-Str. 13, 12101 Berlin • meerundmehrberlin.de**

**26** **Beba Restaurant • Niederkirchnerstr. 7, 10963 Berlin • bebarestaurant.com**

**27** **Dr & Dr Middle Eastern Culture & Food Lab • Reichenberger Str. 116, 10999 Berlin • dranddr.de**

Kunst & Kultur! Zum Gucken. Zum Machen. Zum Mitmachen. Und manchmal auch zum Kaufen. Im Museum oder an der frischen Luft. Wo maßgeschneiderte Mode entsteht und selber geschmiedet wird. Wo Kunst an U-Bahn-Stationen auftaucht und frühere Alltagskultur lebendig wird. Hier gibt's jede Menge kreativen Input!

# Die kreativen Orte

## Kunst & Kultur von gediegen bis hip

# Von Feen und Walen
# Versteckte Architekturschätze

→ **Flattert hier gleich eine kleine Fee in weißem Tütü hervor? Das Treppenhaus im Berliner Landgericht verströmt magisches Flair**

**Im *Landgericht Berlin* in Mitte wünscht man sich fast ein Zivilverfahren an den eigenen Hals,** ein ganz kleines nur. Aber Reinschnuppern geht auch ohne Vorladung: Nimm deinen Personalausweis mit, lass dich vom Sicherheitspersonal scannen – und schon geht's los auf einer fantastischen Reise in eine Science-Fiction-Märchen-Kulisse. Beim Anblick des 30 m hohen Eingangssaals mit seinem Treppenlabyrinth unter gotischem Sterngewölbe packt wohl alle die Ehrfurcht. Und das, obwohl niemand hier Richter in schwarzen Roben erwartet, sondern viel eher: dahinschwebende Feen. Zauberhaft und spiegelgleich schwingen sich die Zwillingswendeltreppen durch die Haupthalle, als wären sie herabplätschernde Kaskaden, pures Rokoko kräuselt sich um alle Geländer und Brüstungen, die Decke wölbt sich über der verspielten Pracht in himmlische Höhen. Die Architekten konnten sich 1894 offenbar nicht entscheiden zwischen Neobarock, Gotik und Jugendstil und ließen es so richtig krachen.

Fast 100 Jahre später machte es ihnen der Kollege Fank O. Gehry nach und entwarf das mit beschwingtem Glasdach gekrönte Foyer der *DZ Bank*. Der weltberühmte Architekt hält es für nichts Geringeres als sein Meisterwerk. Die äußere Fassade am Pariser Platz lässt allerdings in ihrer Schlichtheit nicht erahnen, wie sehr sich der Meister im Innern des Finanztempels austoben durfte. Normalsterbliche dürfen nur vom Vor-Foyer das spektakuläre Atrium bestaunen. Der unförmig wabernde Schlund hinten – ein Wal als Plenum?! – verschluckt Bankkunden und Konferenzteilnehmer. Oder auch Besucher auf einer virtuellen 360-Grad-Tour.

**1** **Landgericht Berlin • Littenstr. 12–17, 10179 Berlin • berlin.de/gerichte/landgericht/**

**2** **DZ Bank • Pariser Platz 3, 10117 Berlin • virtuelle Tour: dzbank.de → Standorte → Berlin**

Heinrich
Zille
Museum

# Berliner Milljöh damals und heute In Museum und Theater

**Ein Berlin-Besuch ohne *Zille-Museum*, das ist wie Stulle ohne Schmalz!** Oder Selfie ohne eigne Birne druff. Das würde der »Berlinischste aller Berliner Künstler« vermutlich so sagen. Heinrich Zille (1858–1929) war viel mehr als nur ein lustiger »Pinselheinrich«: Er war Satiriker, Fotograf, Chronist und Gesellschaftskritiker. Versteckt im Nikolaiviertel begegnen dir echte Berliner Volkstypen wie Eckensteher Nante, die blinde Harfenjule (die Mutter aller Straßenmusiker!) und»Onkel Pelle« (der Zirkuskünstler). Die Zeichnungen strotzen nur so vor teils witzigen Details: die Gören mit Rotznasen, schwere Jungs und leichte Mädchen, derbe Erotik. Es ist das Lumpenproletariat, das schmuddlige Berlin, in das du eintauchst und so fast den Mief im dritten Hinterhof riechst und die Geräusche hörst, die vom Jahrmarkt herüberwehen.

Was anno dazumal dem »Zille sein Milljöh«, das ist dem Weddinger von heute sein *Prime Time Theater*. Rund 100 Jahre später hätte diese Kultstätte des gepflegten Kiez-Trashs ganz sicher auch dem ollen Zille gut gefallen: Mit »Gutes Wedding, Schlechtes Wedding« (GWSW, angelehnt an die TV-Soap GZSZ) hat das voll schräge Theater seit 2004 einen Dauerbrenner geschaffen. Die »weltweit einzigartige Theater-Sitcom« ist schon bei über 130 Folgen angelangt, jeden Monat gibt's was Neues: immer schön am Puls der Zeit, mit viel Herzblut und lauter urigen Charakteren im fliegenden Rollenwechsel, etwa der lispelnde Postbote und Frauenversteher Kalle Witzkowski (»Wen oder wat freue ick? MIR!«), »Mr. Baumarkt« Mike Stahl sowie der Brexit-Flüchtling und Gentleman James, ein verkappter 007 von der Spree.

**← Im Zille-Museum erfährt man mehr über den begabten Allrounder**

**← Sogar ein Weihnachts-special von »GWSW« gibt's im Prime Time Theater: »Das Wunder vom Späti«**

**3 Zille-Museum • Propststr. 11, 10178 Berlin • zillemuseum-berlin.de**

**4 Prime Time Theater • Müllerstr. 163, Eingang Burgsdorfstr., 13353 Berlin • primetimetheater.de**

# Weltklasse-Fotos
# Versteckt im Hinterhof

→ **Hinter der Fassade von Camera Work warten beeindruckende zeitgenössische Fotografien …**

→ **… wie die von Christian Tagliavini**

**Zwischen zwei edlen Säulen-Portalen folgt man dem Durchgang in einen ruhigen Hinterhof.** Erstmal klingeln – aber auch ohne Scheckbuch und gut gefüllte Brieftasche wird man eingelassen: in die Galerie *Camera Work*. In der zweistöckigen Kunsthalle hinter einem Charlottenburger Mietshaus verbergen sich die Meisterwerke von Ikonen der Fotografiegeschichte wie Diane Arbus, Peter Lindbergh und Helmut Newton. Eine der weltgrößten Fotosammlungen der bedeutendsten zeitgenössischen Fotografen.

In angenehm bodenständiger, relaxter Atmosphäre kannst du dich von wechselnden, aber immer tollen Ausstellungen in den Bann ziehen lassen. Ob Architektur oder Akt, das ist hier eine fast schon intime Angelegenheit zwischen dir und den Meistern. Die Galerie vertritt 40 international renommierte und aufsehenerregende junge Künstler. Etwa Bryan Adams mit seinen herrlich unspektakulären Bildern zwischen Ironie und Selbstinszenierung, z. B. von Sir Mick Jagger. Oder Martin Schoeller mit den unverkennbaren »Close-up«-Porträts von Berühmtheiten und Alison Jackson mit ihren »privaten« Promi(-Double)s in witzigen Fake-Situationen (eine Lady Diana mit Stinkefinger). Gruselig-märchenhaft sind die »Fairy World«-Fotografien von Eugenio Recuenco, der exklusiv hier vertreten ist, und beinahe unheimlich sind Nick Brandts Tierfoto-Montagen um aussterbende Spezies. Es soll Enthusiasten und Sammler geben, für die eine Berlin-Reise ohne Camera Work kein echter Berlin-Besuch ist. Auch die Stars lassen sich hier gerne mal bei Veranstaltungen blicken. Andere geraten durch Zufall oder Mundpropaganda her. Wer die Ausstellung eines Lieblingsfotografen verpasst hat, geht einfach online gucken: In der Virtual Gallery kannst du zeitversetzt in mehr als zehn Ausstellungen pro Jahr reinschnuppern.

INSIDER-TIPP
Zoom ins Meisterwerk

**5** **Camera Work • Kantstr. 149, 10623 Berlin • camerawork.de • Eintritt frei**

CAMERA WORK

# Retro & Kunst
# Mit der Linie 7 durch die Postmoderne

**→ Kein tristes Einheitsgrau, sondern Kunterbuntes: die Haltestelle Paulsternstraße**

**→ Station Rohrdamm: mit Motiven der industriellen Produktion von Siemens, die im damaligen Dynamowerk heute Windrad-Generatoren herstellt**

**Die Linie 1 ist bekannt bis nach Japan und Südafrika** – durch Grips-Theater und Film-Musical. Aber wer kennt (dort) schon die Linie 7? Dabei passierst du auf der blauen U-Bahn-Linie einige der fantasievollsten U-Bahnhöfe Berlins und erlebst eine Retro-Fahrt in die 1980er mit hypnotisierenden, weil schreiend bunten Fliesen (Paulsternstraße), durch die du wie Alice im Wunderland gleitest. Jeder Bahnhof ein Unikat – und eine Augenweide.

Die *U-Bahn-Linie 7* ist mit 32 km die längste unterirdische Lebensader von Spandau im Nordwesten nach Rudow im Südosten, einmal quer durchs alte Westberlin. Und wer's noch nicht wusste: Man passiert ein Stück Berliner Industrie-Historie mit Siemens als bis heute größtem industriellen Arbeitgeber der Stadt. Sozusagen Berlins Elektropolis. In den sieben denkmalgeschützten U-Bahn-Stationen von Siemensdamm bis Rathaus Spandau ließ der Architekt Rainer Gerhard Rümmler das Vermächtnis der Berliner Elektro-Pioniere aus dem 19. Jh. lebendig werden.

Siemensdamm erinnert mit historischen Bildern an Werner von Siemens' bahnbrechende Erfindungen: die weltweit ersten Lokomotiven, Fahrstühle, Elektromobile und Straßenbahnen aus Berlin. In Rohrdamm hört man quasi die Zahnräder rattern und Morsezeichen piepen zwischen stilisierten Maschinenteilen und Räderwerk an den Wänden. Haselhorst symbolisiert in eisigem Grau-silber-schwarz die Metallindustrie, die Station Zitadelle präsentiert sich mittelalterlich-backsteinern im Stil der Festung aus dem 16. Jh. Die schneeweißen Säulen in der Station Altstadt Spandau verbreiten Kathedralenflair. Last, but not least: Rathaus Spandau, der eleganteste Bahnsteig mit edlem gold-grünem Dekor auf schwarzen Granitsäulen.

**6** **U-Bahn-Linie 7 von Rathaus Spandau Richtung Rudow**

SOS
i

SOS
i
U7
Rudow
Rohrdamm
2860

# Von Fliesen bis Krawatten Berlin to go für zuhause

→ **Katja Wiedemann in ihrem Reich, dem Berlindecor: Hier findest du wunderschöne Kunstwerke!**

**Kaum zu glauben:** Die süßen Katzen, die glubschäugigen Almkühe und die bunten Schmetterlinge stammen aus derselben Feder, pardon: demselben Pinsel wie die surrealistisch angehauchten Berlin-Porträts von den Burlesque-Tänzerinnen in Korsage und den lilahaarigen Punkerinnen mit Dornen-Halsband. »Meine beiden Gesichter« nennt es Katja Wiedemann und würzt ihre knallig-bunte Kunst-Serie »Café Berlin« immer auch mit einer Prise Unterwelt und einem Schuss frivole Goldene Zwanziger. Berliner Szene damals wie heute inspiriert sie, wie sie sagt, oder auch mal ein Gesicht neulich an der Bushaltestelle. Ihre comicartigen Charaktere sind Berliner Originale mit hohem Wiedererkennungsfaktor.

Die gebürtige Leipzigerin, die in der DDR Kunst studieren wollte (aber nicht durfte), hat das 300 Jahre alte Handwerk von der Pike auf gelernt: in der Porzellanmanufaktur in Meissen. Dahin wollte sie zwar erst gar nicht, aber aus betriebswirtschaftlicher Sicht ist ein festes Standbein mit Dekor-Malerei aus dem Reich der Flora & Fauna oder mit Mediterranem als Ölgemälde nicht das Schlechteste für eine detailverliebte Kunstporzellanmalerin.

INSIDER-TIPP
**Wünsch dir was!**

Nach individuellem Wunsch und Vorlagen: Die Design-Künstlerin zaubert deine Wunschmotive handgemalt mit Spezialtinte, Photoshop und Computer auf Stoffe (Krawatten, Seidentücher, Tischdecken) oder auch auf Tapetenbordüren, Lampenschirme, Deko-Fliesen, Untersetzer und Papeterie.

Wenn die Weihnachtszeit naht und die Geschenk-Panik drängt, dann findest du *Berlindecor* auf dem Weihnachtsmarkt am Gendarmenmarkt, wo Katja Wiedemann jedes Jahr ihre Liebhaberstücke feilbietet und ihrer wachsenden Fangemeinde die allerneuesten Kreationen präsentiert.

**7 Berlindecor • Oranienburger Str. 27, 10117 Berlin • berlindecor.de**

PAPER PRODUCTS
TABLE DECORATION
BERLIN GIFTS
SOUVENIRS
Cafe Berlin

# Mit Tradition
# Schmieden in Berlins ältester Werkstatt

**Ping-ping-ping.** Wo gibt es das noch: sich lieben, dass die Funken sprühen! Eure (Trau-) Ringe selber schmieden könnt ihr bei *Eisengold* in Neukölln. Betritt man den urigen Hof durch das Holztor am Richardplatz – Stöckelschuhe scheitern gnadenlos am Kopfsteinpflaster –, wähnt man sich augenblicklich im 17. Jh., präziser: 1624. Anno dazumal, als die Kutscher ihre Pferde mit Hufeisen beim Dorfschmied beschlagen und die Bauern ihre Ackergeräte anfertigen ließen. Das Fuhrunternehmen gibt es heute noch, und die Rixdorfer Schmiede ist mit rund 400 Jahren die älteste Berlins.

Einfach mal vorbeischauen: Die historische Dorfschmiede mit ihrem tiefen Ziegeldach und -ofen ist ein denkmalgeschütztes und fotogenes Schmuckstück. Bis heute sind hier echte Meister am Werk. »Wir sind Berlins letzter Meisterbetrieb, der noch eigene Klingen schmiedet«, sagt Martin Böck voller Stolz, während er das Feuer anfacht. Zusammen mit seiner Frau Katharina, auch Goldschmiedin, erhält er die uralte Handwerkstradition am Leben. Ob du nun ein Messer schmiedest oder ein paar Halter für Kerzen oder Klopapierrollen, am Ende entsteht ein schönes handgemachtes Stück.

Ortswechsel ins Atelierhaus nach Treptow: Auch im Künstler-Souterrain in der *Ringschmiede* versucht Goldschmied Jens Martens beim Schmieden »soweit wie möglich« Chemikalien zu reduzieren. Und so kannst du beim Recycling oder Upcycling von Altgold nun ohne schlechtes Gewissen endlich Uromas Ring in was Neues verwandeln. Oder gleich das protzige Tafelsilber …

**← Martin Böck bei der Arbeit in der Rixdorfer Schmiede**

**← Von eigener Hand: Bei Eisengold könnt ihr selber einen Ring schmieden**

**8** **Eisengold • Richardplatz 28, 12055 Berlin • feine-klingen.de • Shop: Mo–Do 10–17 Uhr, Führungen und Kurse nach Anmeldung**

**9** **Ringschmiede Berlin • Mengerzeile 3, 12435 Berlin • ringschmiede.berlin**

# JWD Eine Kunstgalerie in Lichtenberg

→ **Vielseitige Location: Die Fahrbereitschaft beherbergt neben Ateliers auch Ausstellungsräume und …**

→ **… Überbleibsel von früher wie das Wachhäuschen**

**Ein Lichtblick in Lichtenberg:** das spannende Kunst- und Gewerbe-Projekt im äußersten Osten Berlins von den Kunst-Investoren Axel und Barbara Haubrok. Ateliers in Gewerbehöfen sind nichts Besonderes in Berlin, aber der Randbezirk hat bis heute nicht den allerbesten Ruf. Und die Jahre andauernde Bezirksamtsposse um das absurde Ausstellungsverbot auf dem Haubrokschen Areal – mit Androhung einer Millionen-Strafe – tat ein Übriges.

Dabei ist die Idee (erschwingliche Ateliermieten statt Gentrifizierung!) so toll wie kunterbunt, denn hier in der früheren »DDR-Fahrbereitschaft« treffen Künstler auf Handwerker an einem geschichtsträchtigen Ort: einer Industriebrache mit ehemaliger Tankstelle, Wachhäuschen und Garagen der »Abteilung Transport« des Zentralkomitees der SED. Autoschlosser, Bootsbauer, Drucker und Schreiner werkeln neben Tänzern, Musikern, Architekten und Bildhauern.

Glücklicherweise hatte der neue Bezirksstadtrat (ein früherer Kfz-Mechaniker …) 2020 den Durchblick, und nun endlich kann man zeitgenössische Kunst aus der *Haubrok Foundation* erleben. Schwerpunkt ist Konzeptkunst der 1970er, darunter Werke von Karin Sander, Robert Barry, Wade Guyton, Jonathan Monk und Günther Förg. Das Ganze umweht ein Hauch von 1950er-DDR-Charme, zwischen originaler Empfangshalle und minimalistischer Bar der Genossen mit toller Ziehharmonika-Falttür und knallroten Barhockern, Kegelbahn und alter Kantine, in der das Linoleum vor sich hinwellt. Vielleicht kommt dir diese Kulisse bekannt vor? Ja klar, aus dem Film »Russendisko« (2012).

**10** **Haubrok Foundation/Fahrbereitschaft • Herzbergstr. 40–43, 10365 Berlin • haubrok.org • Besuch nur nach Anmeldung und mit Führung oder bei Events**

STOP

# Mini-Hörsaal
# Experimentelles im Wissenschafts-Tempel

**Was für eine Preziose, von außen wie innen!** Der kreisrunde Mini-Hörsaal in dem Kuppelbau könnte direkt aus einem antiken Amphitheater oder einer norditalienischen Renaissance-Villa hergebeamt worden sein. Das *Tieranatomische Theater* duckt sich zu Füßen des riesigen Charité-Bettenhauses, versteckt zwischen Bäumen und Blümchenwiese auf dem HU-Campus: ein Ort für denk-(!)würdige Ausstellungen. Da möchte man Vernissage-Gast sein und auf den steil ansteigenden Sitzreihen am Sektglas nippen, während an der Kuppeldecke ein paar Nackedeis mit Schlachtvieh ringen, als wären sie Götter aus dem Olymp. Was für ein Theater!

Zum Glück: Es tauchen heute keine Kadaver wie von Geisterhand auf dem versenkbaren Seziertisch in der Mitte auf wie noch 1790 in der Tierarzneischule. Wenn einem in diesem frühklassizistischen Hörsaal Schauer über den Rücken laufen, dann aus Ehrfurcht: Es ist das älteste akademische Lehrgebäude Berlins! Seit 2012 dreht sich hier alles um »Kulturtechnik«, wie es etwas verquast heißt. Wirf mal einen Blick in die Dauerausstellung »Flechtwerk der Dinge«. 80 Gegenstände und Themen aus unterschiedlichen Disziplinen sind miteinander in Beziehung gesetzt, in etwa so: Was hat die Schallplatte mit einer eiszeitlichen Gesteinsprobe zu tun? Ein Lavastein mit dem Dschihad? Es ist manchmal ein etwas schräger Blick in den Wechselausstellungen, etwa wenn Atmungsorgane von Wirbeltieren mit Kirchenbildern »verknüpft« werden. Weniger rätselhaft sind die Vorträge und Konzerte. Aber allein der ehrenwerte historische Campus ist höchst sehenswert: eine Art Märchenwald mit lauter efeuberankten Hexenhäuschen, durch den die winzige Panke plätschert.

**← Eindrucksvolle Architektur, interessantes Wissen – das erwartet dich im Tieranatomischen Theater**

**11 Tieranatomisches Theater (TAT) • Humboldt-Universität, Campus Nord, Philippstr. 13, 10115 Berlin • tieranatomisches-theater.de • Eintritt frei**

# Von wegen morbide! Kultur-Picknick im alten Krematorium

→ **Voller Leben: Das frühere Krematorium ist nun eine beliebte Kultur-location**

→ **Im Mars lässt es sich herrlich verweilen, gleich neben dem Urnen-friedhof**

**Brunchen und Cocktails neben Gräbern.** Lesungen, wo Grabmäler und Urnen die Wände schmückten. Filme und Pop-Musik, wo Hinterbliebene trauerten. Tja, wer weiß, vielleicht haben sich die Erbauer von Berlins erstem Krematorium das vor mehr als 100 Jahren genauso gedacht: Leben! Nach dem Tod!

Das Krematorium war bis 2002 in Betrieb, der 52 m hohe Schlot weist noch immer den Weg durch den tiefsten Wedding, bis vor Kurzem definitiv hipsterfreies Terrain. Die Alltagskulisse beherrschen Wettbüros und Döner-Imbisse. Seit 2015 beherbergt das auffällige Bauensemble ein vielseitiges »Kultur-Quartier«: das *silent green*. Nun zieht es auch Galeristen, Filmschaffende, Design-Künstler und Musiker in den einstigen »Schmuddelbezirk«.

Viel Platz für raumgreifende Ausstellungen mit Installationen und Video-Projektionen bietet die riesige »Betonhalle« mit ihrem Tunnel ins Unterirdische gleich rechts am Eingang. Bei Picknickkonzerten lümmelt man auf der Wiese. Und in der 17 m hohen Trauerhalle mit dem achteckigen Ziegeldach kommen vor allem Unplugged-Konzerte besonders gut, während man über den Terrazzoboden und die Empore staunt. Siehst du auch die Schlange? Und im Innenhof die mystischen Mischwesen, die steinernen Greifen am Tor?!

Du willst Kaffee und Kuchen genießen, eine Zitronen-Lavendel-Limo oder einen kühlen Wein, ganz in Ruhe, wo andere zur letzten Ruhe gebettet sind? Geh nach hinten, durch den Seitenflügel ins versteckte (Garten-)Lokal Mars. Am Wochenende ist Brunchen angesagt, mit Gemüse und Kräutern vom hiesigen Dachgarten. Nicht zu verwechseln mit dem »Little Mars«, dem Imbiss vorne am Eingangstor ...

INSIDER-TIPP
**Vom Garten auf den Teller**

**12** **silent green • Gerichtstr. 35, 13347 Berlin • silent-green.net**

# Berliner Mode-Trend: grün, fair, vegan

**Nicht nur Fashionistas und Mode-Junkies ahnen:** Die 3,99-Euro-Shirts gehören ein für allemal in die (Recycle-) Tonne. Sie sind weder ethisch korrekt noch nachhaltig. Der Trend heißt »pre-order«, sprich: Rückkehr zum guten alten Schneiderlein.

Jedes fünfte Kleidungsstück bleibt unverkauft, mindestens. Wer sich's leisten kann oder will, bestellt also privat Maßgeschneidertes. *Natascha von Hirschhausen* hat die gigantischen Kleiderberge bei ihrem Studien-Projekt in Bangladesch selbst gesehen. Die Modedesignerin schneidert im Moabiter Sprengelkiez müllvermeidende »zero-waste fashion«: aus chemiefreier Bio-Baumwolle, recyceltem Kaschmir und Natur-Kautschuk. Selbst der kleinste Stoffrest-Fetzen baumelt wiederverwendet am Ohr. Modemacher-Minimalismus – radikal auf die Spitze getrieben.

Die Pre-order-Schneiderinnen produzieren nur, was wirklich gekauft wird, so ist es auch beim Berliner Vegan-Label *Umasan*. Wer weiß schon, ob sich vegane Kleidung aus Bananenfasern gegen die Schafswolle am Markt durchsetzt oder Alcantara gegen das Leder. Aber die tierfreie Mode, das betonen die Zwillingsschwestern Anja und Sandra Umann, punktet nicht nur bei ihren veganen Kunden – alle eint die Vorliebe für den dezent-japanischen Touch. Zeitlos, schick, avantgarde.

Auch bei *Berlin Underwear* im Prenzlauer Berg stöbert man in handgemachten Unikaten: knallig-bunt, von Hotpants über Tangas bis zu »kuscheligen« Bio-BHs. Auf Wunsch gibt's maßgeschneiderte Lieblingsteile – und auch: Unterhemden für Kerle.

**← Umasan 4.0 stellt nachhaltig zeitlose Kleidung her**

**← Bunt und bio-vegan: der Berlin Underwear Shop im Prenzlauer Berg**

INSIDER-TIPP
**Für drunter zu schade**

**13** **Natascha von Hirschhausen (Studio & Showroom) • Kiautschoustr. 14, 13353 Berlin • nataschavonhirschhausen.com (nach Terminabsprache)**

**14** **Umasan 4.0 (Studio) • Schlüterstr. 36, 10629 Berlin • umasan.berlin**

**15** **Berlin Underwear • Schönhauser Allee 44a, 10435 Berlin • berlin-underwear.com**

# Berlin LIVE! Hinter den Show-Kulissen von …

→ **Einblicke in die Studios von The Voice Kids und …**

→ **… Anne Will**

**… The Voice Kids. Kreisch! Tränen! Gänsehaut!** In den Adlershof-Studios kannst du mit den kleinen und großen Stars mitfiebern und mitbuzzern. Sollte dein Sprössling mindestens acht Jahre alt sein, dann heißt es hier: live mitjubeln, wenn bei der fast schon legendären Musik-Castingshow ganz Kleine ganz groß rauskommen. Wenn Team Álvaro und Team Steff um die Talente fighten und sich Wortgefechte liefern, um die kleinen Sänger für sich zu gewinnen.

Ihr solltet etwas Durchhaltevermögen mitbringen: Ehe so eine SAT.1-Show im Kasten ist, mit Wartezeit, Pausen und Pannen, vergehen schon mal bis zu sechs Stunden. Ein echter Fan von den Mini-Star-Coaches wie Michi & Smudo oder BossHoss hält das locker durch. Auf Youtube verbucht TVK einen mega Erfolg: Ein einziges Video hat mehr als 200 Mio. (Millionen!) Klicks, weltweit! Und tatsächlich traut man selbst nach mittlerweile zehn Staffeln den eigenen Ohren nicht immer: Was für krasse Soul-Töne in einer Achtjährigen stecken – Halleluja! Oder wenn ein 14-jähriger Teenager bei einem musikalischen Erdbeben am Klavier die alten Rock'n'Roller von den Toten auferstehen lässt – Rock'n'Roll will never die! Hier erlebt ihr geborene Entertainer, manche vielleicht besser als das Original …

Harter, aber fairer Szenenwechsel zum WDR-Kontrastprogramm für Erwachsene: Frank Plasberg ist für seine Moderationen auf Augenhöhe bekannt, und das bereits seit rund 20 Jahren. Ein echtes Urgestein des Polit-Talks. Applaus-Applaus-Applaus! Unbedingt mitbuchen: die Studioführung von *Studio Berlin Adlershof!* Ein Blick hinter die Kulissen der ZDF-Shows in die allseits bekannten, aber leeren Studios, z. B. von »Anne Will«.

INSIDER-TIPP
**Von Maske bis MAZ**

**16** **Studio Berlin Adlershof • Am Studio 20, 12489 Berlin • studio-berlin.de**

# Klassikkonzert mal anders Glockenspiel und Piano-Schuppen

**Von wegen steife Atmosphäre mit Hüstelzwang** – für Klassik muss es nicht immer Deutsche Oper oder Philharmonie sein! Den Smoking kann man bei den folgenden Events zu Hause lassen und stattdessen Decke und Picknickkorb einpacken.

Die Klassik kam mit dem gebürtigen Kalifornier Jeffrey Bossin zurück in den Tiergarten und seiner Idee, die alte Tradition der Carillons zur 750-Jahr-Feier der Stadt wiederzubeleben. Dabei wird geklotzt und nicht geklimpert. Das von Hand gespielte Turmglockenspiel ist Schwerstarbeit! Der »Glöckner« vom *Carillon* im Tiergarten muss in seiner Spielkabine in schwindelnder Höhe nicht nur die 30 Pedale treten. Der ausgebildete Carillonneur haut mit geballten Fäusten ordentlich in die Tasten bzw. auf die Klöppel, um den 68 Glocken – mit 48 t Gewicht! – erstaunliche Töne zu entlocken: virtuos und glockenhell, aber immer auch etwas disharmonisch, weil die lange nachhallenden Glocken sich zu einem schrägen Klangteppich vermischen.

Fürs Klavierkonzert am Abend geht's entspannt in die Werkstatt: Christoph Schreiber möchte mit dem Weddinger *Piano Salon Christophori* an die Konzert-Tradition in den Pariser Pianomanufakturen des 19. Jhs. erinnern – mit (teils hochkarätigen) Musikern an seinen historischen Konzertflügeln. Zwischen Sägen, Hobeln und Leimtöpfen, Stehlampen und Kronleuchtern ist man den meist jungen Pianisten bei Beethoven und Debussy ganz nah, und das fast täglich, und Wein wird zu Kammermusik und Jazz auch gereicht (in einem früheren Straßenbahndepot – also warm einpummeln).

**← Kostenloses Glockenspiel gefällig? Mendelssohn und Mozart erklingen dank des Carillons in Berlin-Tiergarten**

**17** **Carillon • John-Foster-Dulles-Allee/Ecke Große Querallee, 10557 Berlin • carillon-berlin.de**

**18** **Piano Salon Christophori • Uferhallen, Uferstr. 8, 13357 Berlin • konzertfluegel.com**

# Berliner Zimmer
# Besuch in einer alten Gründerzeit-Wohnung

**→ Wo aß man früher? Wie sah das Badezimmer aus? Hier erlebst du hautnah den Alltag von anno dazumal**

**»Die kühle Flut gibt frohen Mut«**, so steht's über dem Waschbecken bei Familie Heyn. Fließendes Wasser aus dem Hahn war zur Zeit von Fritz Heyn im ausgehenden 19. Jh. noch lange keine Selbstverständlichkeit. Die Pankower Gründerzeit-Wohnung ist ein Muss für Liebhaber von Zeitreisen in die Berliner Alltags-Historie.

Schon der Hausflur mit Wandmalereien aus Italien stimmt ein in das bürgerliche Wohnambiente vor rund 130 Jahren. Im Herrenzimmer knarrt das Parkett, die Standuhr pendelt, tickt und: geht auf die Minute genau! Von oben an der Decke begleiten Engel und Elfen jeden deiner Schritte, die Illusion(smalerei) ist perfekt. Die Mitarbeiter lassen auf Wunsch die Zigarrenspieluhr klimpern oder die Drehorgel. Kronleuchter und deckenhohe Kachelöfen mit schönen Reliefs, das mit Ranken und Blüten geschmückte Linoleum – so viele Details zwischen Deckenrosetten und dem Nachttopf in der Dienstmädchen-Kammer gilt es in der Museumswohnung des *Museum Pankow am Standort Heynstraße* zu entdecken.

Das »Berliner Zimmer« gehört zur städtischen Wohnkultur wie saure Jurke zur Bulette: ein langes Wohn- und Esszimmer mit einem einzigen Fenster zum Hof ganz hinten in der Ecke. Nicht nur Friedrich Engels empörte sich 1893 über diese berlinerische »Finsterniss«, und so wurde der Bau dieser Zimmer 1925 wegen Lichtmangels und der grassierenden Rachitis verboten. Der Tisch ist gedeckt – sodass niemand überrascht wäre, käme der Hausherr aus seiner benachbarten Flechtrohr-Fabrik jeden Moment zur Kaffee-Pause heim. Im Bad überrascht Praktisches von damals: die Badewanne mit Stufen und eine platzsparende Leiter, die zugleich als Bügelbrett diente und lange vor dem schwedischen Ausstatter-Giganten mit originellem Namen glänzte: »Klappmich«.

INSIDER-TIPP
Retro-Ikea

**19** **Museum Pankow, Standort Heynstraße • Heynstr. 8, 13187 Berlin • berlin.de/museum-pankow • Eintritt frei, aber Spenden erwünscht**

kühle Flut
gibt
frohen Mut

# Galaktisch
# Lichter-Hokuspokus für alle Sinne

**Lichtblitze. Laserstrahlen. Leuchtdioden.** »Eine Reise in einen Parallelkosmos aus Licht, Raum und Klang« verspricht Christopher Bauder in seiner Dauerausstellung *»Dark Matter«*. Er könnte auch sagen: Let me entertain you! Dazu hat der preisgekrönte Lichtkünstler sein Berliner Lampen-Lager geräumt und ein modernes Kaleidoskop zum Reingehen geschaffen. Ein perfektes Fließen von leuchtenden Formen und Farben. Mit seiner audiovisuellen Show und seinen »Lichtkompositionen« will der Designer die Grenzen zwischen digitaler und realer Welt verschwimmen lassen – und rührt manchen Besucher zu Tränen.

Das 2021 eröffnete »Licht-Museum« in Lichtenberg ist weniger Museum oder Kunstwerk als ein einziger großer Lichter-Spielplatz mit hohem Selfie-Potential, auch gut für Kids, da teils begehbar und zum Anfassen wie die gewöhnliche Haushalts-Leiter, die erst bei Interaktion zur klingenden Tonleiter wird. Es sind nur sieben, teils kleine Räume – ein Best-of des Künstlers –, aber die 360-Grad-Projektionen und Lichtinstallationen sind dennoch lauter famose Lichter-Tricks und digitale Fakes mit Laser, Spiegeln und unzähligen Lichtpunkten. Hier die »Choreographie« der 169 schwarzen Kugeln, dort ein »hypnotisches Ballett« aus drei Lichtringen. Hier scheint man unter endlos schwappenden Glitzer-Wellen zu stehen, dort über leuchtende Spinnweben oder einen schmelzenden Eisblock zu laufen. Ein lichterloh brennendes und knisterndes Lagerfeuer – aus LED-Säulen – wird im Liegestuhl fast körperlich spürbar. Beim spacigen Finale fehlt nicht viel und du denkst nach 45 Minuten Lichteffekten schon etwas lichter-berauscht, ein Raumschiff landet, direkt über dir. Es soll sogar Besucher geben, die gar nicht mehr aus diesem Kaleidoskop raus wollen, nach draußen: ins Tageslicht.

**← Audiovisuell und kinetisch – Christopher Bauders »Grid« bewegt sich zu einer Musikkomposition von Robert Henke**

**← Spürst du schon die wohlige Wärme des Lagerfeuers? »Bonfire« möchte genau diese Illusion erzeugen**

**20 Dark Matter • Köpenicker Chaussee 46, 10317 Berlin • darkmatter.berlin (16 €, Kids bis 6 Jahre frei)**

# Ab in die Messe
## Beton & Kunst in der Kirche

→ **Loie Hollowells »Sacred Contract« (2021) erleuchtet die König Galerie**

**In der *St. Agnes Kirche* in Kreuzberg bekommt der Begriff »Messe« seit 2015 einen ganz neuen Dreh:** In dem früheren Gotteshaus geht es auch um Gebote – aber der finanziellen Art. Hier wird nicht gepredigt oder gesungen, in den ehrenwerten Hallen dreht sich alles um Gegenwartskunst. Aber erst einmal: Bitte nicht dran vorbeilaufen – ja, hier bist du richtig! Die *Galerie König* residiert in einem monumentalen Bau im Brutalismus-Stil der 1960er. Mehr Burg als Kirche. Die volle Dröhnung Beton mit klobigem Turm als Krönung. Kantig, praktisch, hässlich.

Der Skulpturengarten macht den Brutalo-Bau zwar nicht schöner, aber was für ein toller, manchmal fast magischer Kontrast! Der Clou ist ein endlos hoher Raum, das einstige Kirchenschiff, in dem nicht nur die Lichtinstallationen eine kleine völlig unreligiöse Erleuchtung beim Betrachter auslösen könnten. Lass die zeitgenössischen Werke von 40 lokalen und internationalen Künstlern auf dich wirken – in Film und Ton, Foto und Malerei, Skulpturen und Performances bei wechselnden Ausstellungen. Mit dabei sind z. B. Norbert Biskys figurative Malerei oder die Werke der Schweizer (Holz-) Künstlerin Claudia Comte sowie von Katharina Grosse und Michael Sailstorfer.

INSIDER-TIPP
**»Was mit Kunst«**

Ein besonderer Tipp: der Podcast von und mit Johann König und seinen Gästen aus der Kunst- und Kulturszene. Königs Motivation: »Im Gespräch treibt mich eine große Neugier, mit der ich den Dingen stellvertretend für meine Hörer*innen auf den Grund gehe.«

**21 König Galerie/St. Agnes Kirche • Alexandrinenstr. 118–121, 10969 Berlin • koeniggalerie.com • Eintritt frei**

Und: Action! Auf dem Wasser, zu Lande oder in der Luft. Ob kleine Mutprobe, sportliche Spitzenleistung oder einfach mal aufs Spaßpedal treten: Tob dich aus, sei wild, und zeig, was in dir steckt!

# Die wilde Seite

## Gas geben und Spaß haben von sportlich bis mutig

# Für Solo-Tänzer
# Headbanging in der Telefonzelle!

→ **Drin ist Party, und du programmierst das Ganze**

**Die kleinste Disko der Welt!** Nein, hier geht's nicht um geheime Hinterhof- oder »Pop-up«-Wohnzimmer-Partys. Die coolste Berliner Partybutze ist: eine Telefonzelle. Die ausrangierten Telefonhäuschen der *teledisko* laden an mehreren Club-Hot-Spots zum Schwofen, inklusive Nebelschwaden und Lieblingsmusik hinter verspiegelten Fenstern. Selbst Frank-Walter Steinmeier ließ sich als Außenminister 2016 ein Promo-Tänzchen für die Berliner Clubszene in Mexiko-City nicht nehmen. Drei kunterbunte Modelle des Berliner Start-ups touren seitdem um die Welt: Madrid, London, Tel Aviv, Wien, Paris.

Die Teledisko auf dem RAW-Gelände ist 24/7 geöffnet: Aufatmen, miesepetrige Türsteher gibt's schon mal keine. Einfach 2 Euro einstecken – und ab geht die Drei-Minuten-Party (zu dritt, zu viert, Rekord: zehn Partygäste!). Aber erstmal draußen am Touchscreen den Song wählen via Spotify. Wie wär's mit Gloria Gaynors Alltime-Klassiker »I Will Survive«. Oder lieber Schmusemucke mit den Eagles im »Hotel California«? Oder doch lieber Polka?! Meistgedrückt, na was wohl: Nirvanas »Smells Like Teen Spirit«!

Dann reingequetscht auf weniger als 1 $m^2$ Tanzfläche. Die Diskokugel beginnt sich zu drehen, Nebel wabert (Knopf drücken!), und wenn die ersten Bässe wummern, nicht den Strobo-Knopf vergessen, damit es richtig schön im Rhythmus flasht und blitzt. Draußen läuft derweil für alle Wartenden sichtbar der Minuten-Countdown. Telefonzellen-Partytime ist übrigens piepegal wann: auf dem Weg zur Arbeit, in der Mittagspause, ja, sogar im Lockdown – wann immer du Lust hast zu rocken und zu raven. Nur Platzangst darf man nicht haben. Und schade eigentlich, dass auf diesem Dancefloor wirklich so gar keine(r) zuguckt …

**1 teledisko • Am Holzmarkt 25, 10243 Berlin; RAW-Gelände • Revaler Str. 99, 10245 Berlin • teledisko.com**

teledisko
Reebok
how to use the the
smallest disko on earth:
1. use touchscreen
2. chose song and options
3. insert coins
4. dance like there
no tomorrow

# Winter-Action

# »Bahn frei, Kartoffelbrei!«

**Die Zugspitze, ach was, der Mount Everest unter den Berliner »Bergen« ist der *Teufelsberg* im Grunewald.** Mit 120 m zwar nicht der höchste Berg, aber dafür – pardon: die geilste und rasanteste Rodelbahn der Stadt. Der Skilift mit 50-m-Sprungschanze und die Schneekanonen aus den 1970ern sind leider heute passé. Dafür berauscht ein 360-Grad-Panorama, in dem Fernsehturm, Funkturm und all die anderen Architektur-»Highlights« von ICC bis Potsdamer Platz quasi Spalier stehen – statt schneebedeckter Achttausender. Das hat doch was! Wohlgemerkt: Du musst das 99 m hohe »Gipfel«-Plateau des benachbarten *Drachenbergs* erklimmen, also fürs Panorama-Selfie nicht den falschen Berg erwischen!

**← Hier ist ein toller Spot zum Rodeln – und zum Feuerwerk-Gucken an Silvester**

Und dann haben wir Berliner ja auch noch unsere Eislaufbahnen und mit Katarina Witt eine vierfache Eiskunstlauf-Weltmeisterin. Die Kids lieben das Pirouettendrehen unter freiem Himmel, lauter kleine Eis-Prinzen und -Prinzessinnen im Weddinger *Erika-Heß-Eisstadion*.

Auch wenn das Zufrieren der Berliner Seen immer ein Weilchen dauert, musst du zum Eisstockschießen nicht ins Allgäu oder nach Tirol ausweichen: An der Karl-Marx-Allee, am Alex und im BIKINI-Haus an der Gedächtniskirche dreht sich im Winter alles um Stock, Daube und Kehre. Im *James June Winterland* inklusive Glühwein und Marshmallow-Grillen am Lagerfeuer.

**2** **Teufelsberg/Drachenberg • Teufelsseechaussee, 14193 Berlin**

**3** **Erika-Heß-Eisstadion • Müllerstr. 185, 13353 Berlin**

**4** **James June Winterland • Karl-Marx-Allee 93, 10243 Berlin • jamesjune.de**

# Ready for take-off?
# Pilot in Not für eine Stunde

→ **Sieht von außen zwar nicht wie ein Flugzeug aus, aber drinnen im Flugsimulator BER bekommst du das volle Flieger-Feeling**

**Schweißperlen auf der Stirn, Schnappatmung, Herzrasen.** 24 000 PS und 70 Tonnen in deinen schwitzenden Händen. Im Cockpit der Boing 737 blinkt und piepst es, die Turbinen heulen auf, es dröhnt, es ruckelt, jetzt noch schnell die Handbremse lösen – und ab geht's Richtung Startbahn. Und denk dran: erst bei 130 Knoten Schub geben, aber das dann mit Schmackes!

Wer vom Wedding direkt in die Karibik abheben oder nur noch einmal auf dem heiß geliebten TXL in Tegel landen will, kann dies alles tun, sogar ohne Pilotenausbildung: im Cockpit einer echten 737. Auch die gefährlichsten Airports der Welt sind im *Flugsimulator Berlin* anzusteuern: einmal Hongkongs Kai-Tak-Hochhausschlucht anfliegen – und dann auch noch bei Gewitter! Dem Bergmassiv bei Zürich im letzten Moment ausweichen oder von Porto Santo nach Madeira düsen, haarscharf entlang der Klippen – mit Laserprojektoren wirken Berge und Küste zum Greifen nah. Selbst ein doppelter Triebwerksausfall ist kein Grund zur Panik – echte Piloten assistieren (»mehr links, links, liiiiiinks!«), eine Bruchlandung bleibt dir und den Anwohnern erspart.

**INSIDER-TIPP**
**Das ruckelt so schön**

Der Clou im *Flughafen BER*: Mit der »Full Motion«-Technik spürst du in (d)einer A320 jede Bodenwelle beim Starten, jedes Luftloch. Die sanfte Neigung in der Kurve, das leichte Ruckeln im Normalflug mit Autopilot. Aber am tollsten ist der Schub, wenn die Beschleunigung dich beim Starten in den Sitz presst. Videospiele und Virtual Reality können einpacken.

**5** **Flugsimulator Berlin • Luxemburger Str. 20b, 13353 Berlin • flugsimulator-berlin.de**

**6** **Flugsimulator, Mercedes-Benz AirportCenter, Flughafen Berlin-Brandenburg BER • Hans-Grade-Allee 61, 12529 Berlin • flugsimulator-ber.com und flugsimulator.com**

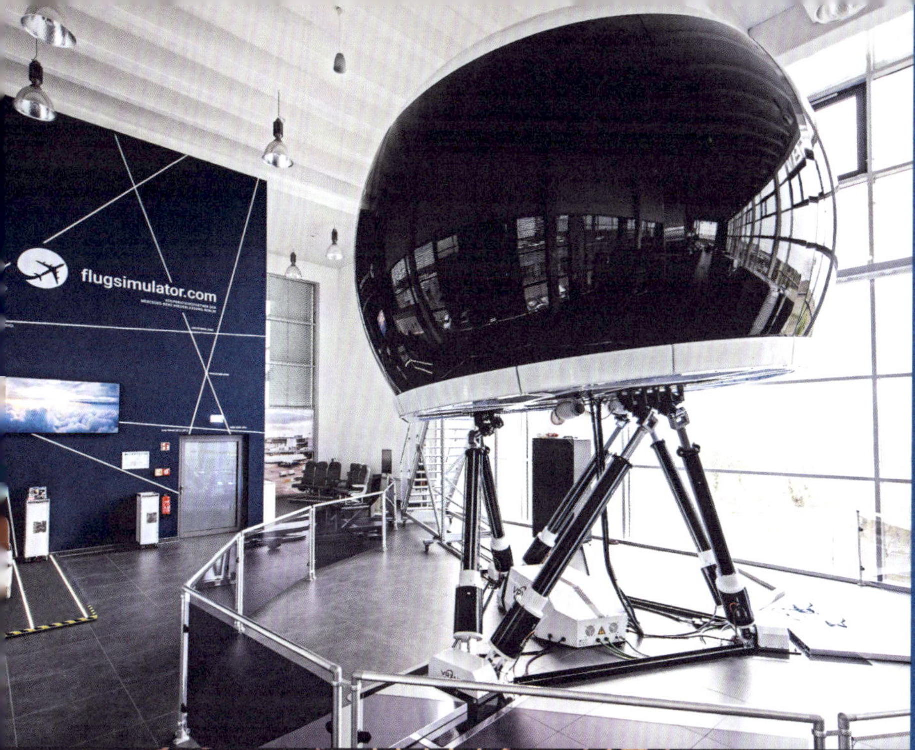
flugsimulator.com

# Hereinspaziert
# Willkommen in der Zirkusmanege!

→ **Manege frei! Das rot-gelbe Zelt lädt an mehreren Orten der Stadt zum Staunen und Mitmachen ein**

**Hereinspaziert in eine Zauberwelt: Da hängen zwei junge Frauen elegant in den Tüchern,** ein Mädchen balanciert im Affenzahn auf einem Riesenball, und ein Junge schlägt einhändig Räder, dass einem schon vom Zuschauen ganz schwindelig wird. *Cabuwazi* ist einer der größten Kinder- und Jugendzirkusse Europas – OHNE Tiere, aber zum Mitmachen!

Die Zirkuswelt ist zweifellos im Wandel. Heutzutage sind die Stars in der Manege nicht mehr unbedingt die Siegfried & Roys mit Peitschen-knallenden Tiernummern. Bewunderung und Respekt erhalten vielmehr die zahllosen Artisten, die mit unglaublicher Körperbeherrschung, jahrelangem Training und Witz die Zuschauer in ihren Bann ziehen. Sitzende Elefanten müssen nicht sein, aber was wäre ein Zirkus ohne Clowns!

Wenn deine Kids Lust haben auf Akrobatik, Einradfahren oder Trampolinspringen, auf Diabolo-Jonglieren, Hula-Hoop oder Breakdance, dann ist der *Chaotisch bunte Wanderzirkus* die richtige Adresse. Das offene Nachmittags-Training (nicht für Besucher) und der »Familienzirkus« sind kostenlos.

Im Marzahner Zirkuszelt ist z. B. immer was los: Illusionisten verwirren ihr Publikum bei Zauber-Musicals, Artisten glänzen in Varieté-Shows, oder wie wäre es mit einer Halloween-Party auf Schloss Frankenstein? Nur hier lernen die Kids spezielle Zirkus-Disziplinen: etwa die Balanceakrobatik auf Tischen, Stühlen und Leitern, auf rollenden Brettern wie beim Rola Bola sowie Luftartistik an den Strapaten-Bändern. Ohne Utensilien kommen die »Kautschukakrobaten« aus, die sogenannten Schlangenmenschen scheinen Gummi anstelle von knöchernen Gelenken zu haben.

**7** **Cabuwazi Zirkus (6 Standorte von Altglienicke bis Tempelhof) • Bouchéstr. 75, 12435 Berlin (Verwaltung) • cabuwazi.de (über Angebote und Shows bitte vorab online informieren)**

CABUWAZI

# Parkuhr?! Parkour!
# Austoben beim »Urban Sport«

**Auf die Wand, fertig, los!** Es soll ja Menschen geben, die Hindernissen aus dem Weg gehen. Aber es gibt im Großstadtdschungel auch immer mehr, die mit viel extra Schwung die Rad-Parkstange oder die Mauer anpeilen und: drüberspringen. Seit Parkour in Videospielen und James-Bond-Filmen auftauchte, ist weltweit kein Halten mehr für die »Freerunner« und »Traceure«.

Beim städtischen Hindernislauf geht es die Treppen hoch (aber bitteschön auf allen Vieren kopfüber und rückwärts!), mit dem Hock- oder Katzensprung, dem »Lazy« oder »Dash« über Stromkästen und Parkbänke und dann immer zwischen zwei eng ste-

**↓ Du springst und kletterst gern? Dann auf in die Parkour-Anlage im Anton-Saefkow-Park am Prenzlberg**

henden Wänden entlang (in der Waagerechten, was sonst!). Hier ein kleiner Salto, dort eine Pirouette, und dann noch ein cooler Radschlag. Und beim Springen bloß nicht »overshooten« – also übers Ziel hinausschießen! Es braucht wahrscheinlich Jahre, bis man sich mit Präzisionssprüngen von Mauer zu Mauer fortbewegen kann, elegant wie ein in die Stadt verirrter Ziegenbock.

Bevor du nun selbst auf dem ParkourOne im *Anton-Saefkow-Park* loslegst, lass dir die Techniken von den Profis zeigen. Zugucken und mitmachen kann man bei den wöchentlichen »Jams« der Parkour-Community *am Velodrom* oder bei Schnupperkursen am Tilla-Durieux-Park. Einführungen bieten »MyParkour« und die *»Fußgänger«* an, von kostenlosen zweistündigen Einsteiger-Workshops über Minis-Kurse bis zum Senioren-Training.

**8** **Anton-Saefkow-Park • Kniprodestr., 10407 Berlin • berlin.parkourone.com**

**9** **Am Velodrom • Fritz-Riedel-Str., 10407 Berlin • myparkour.de**

**10** **Fußgänger e. V. (div. Orte) • Schillerpromenade 7, 12049 Berlin (Vereinssitz) • fussgaenger.org**

# Übers Wasser fliegen
## Beim Waken und Hydro-Foilen

→ **Spaß und Action auf dem Wasser – das ist bei den Wellenrebellen garantiert**

**Wer wollte nicht schon immer mal übers Wasser, nein nicht gehen, sondern: fliegen!** Im *Strandbad Jungfernheide* seid ihr richtig: Neoprenanzug übergestreift, das Wakeboard druntergeschnallt – und ab aufs Wasser. Der auf städtischen Seen relativ junge Wassersport ist das neue Wasserski – auf nur einem Brett statt auf zweien. Die Wakeboarder gleiten einhändig über die Rampen und winken locker mit der freien Hand. Die Könner schwingen sich durch die Luft, wirbeln um die eigene Achse und landen auf dem Wasser, als wäre das alles ein Spaziergang am Uferweg. Die wahren Profis im idyllischen Waldschwimmbad brauchen nicht einmal mehr Rampen zum Fliegen. Alles ohne Motorboot an einer hochmodernen »Wasserskianlage«, die extrahohe Sprünge und spektakuläre Loops erlaubt.

Vom siebten Windsurfer-Himmel nicht allzu weit entfernt seid ihr auch am Pichelssee in Spandau. Der allerletzte Schrei: Mit dem Foilboard braucht ein Surfer weder Wind noch Wellen. Nur ordentlich »pumpen« muss man, das gibt dem Hydro-Foil-Brett Geschwindigkeit und hält die Beinmuckis auf Trab, dann hebt sich das Brett wie von Geisterhand und schwebt bis zu einem Meter über dem Wasser. Es »hovert«, sagen die Insider. Hokuspokus auf Berliner Seen, auch wenn das Pumpen aussieht, als hätten die Foil-Surfer eine Hundertschaft Ameisen im Neoprenanzug. Eine maritime Herausforderung für alle Wasserzauberer und *Wellenrebellen*, denn beim Foilsurfen müsst ihr gleichzeitig die Richtung, die Geschwindigkeit und die Schwebehöhe steuern. Na dann, ahoi und immer eine Handbreit Berliner Luft unterm Brett!

**11** **Strandbad Jungfernheide • Jungfernheideweg 60, 13629 Berlin • strandbad-jungfernheide.de**

**12** **Wellenrebellen am Pichelssee • Am Pichelssee 40a–40c, 13595 Berlin • wellenrebellen.de**

RNX

# Hoch hinaus
# Marzahn für Himmelsstürmer

→ **Auf dem Skywalk: Hochgefühl über den Dächern der Stadt**

**Der Fahrstuhl gleitet nach oben.** 19. Etage, 20., 21.: Alles aussteigen! Etwa 40 Stufen geht es auf einer »freitragenden« Stahltreppe weiter in den Himmel zum Marzahner *degewo-Skywalk*. Es ist eine Treppe ins Nichts, auf die die städtische Wohnungsbaugesellschaft ihre schwindelfreien Besucher einlädt: unter den Füßen nix als Luft, 70 m unter dem Gitterrost. Der Ausblickssteg hängt wie ein Sprungbrett in der Luft. Die knallgelbe Tram unten an der Marzahner Promenade ist so klein wie eine Spielzeugeisenbahn. Erst von hier oben sieht man, wie grün und kontrastreich das Plattenbauviertel eigentlich ist: Mittendrin die Windmühle im dörflichen Alt-Marzahn und eine der größten Einfamiliensiedlungen Europas, wie der Skywalk-Guide betont. Dazu ein Hammer-Weitblick bei gutem Wetter, die Schautafeln helfen bei der Orientierung: Da, ganz hinten sieht man den Teufelsberg (25 km!), am Horizont drehen sich die Windräder Brandenburgs, und eine Blickachse führt deine Augen schnurstracks zum Fernsehturm. Es gibt übrigens auch einen »Notausstieg« für alle Nicht-Schwindelfreien. Vielleicht hilft ein bisschen Musik, z. B. »Stairway to Heaven« …

Fast nebenan in den »Gärten der Welt« erhebt sich einer der höchsten Berge Berlins, der *Kienberg* (102 m), der ein weiteres Mikroabenteuer verheißt: mit der Seilbahn rauf und auf der Sommerrodel-Bobbahn mit 40 Sachen wieder runter – Mütze festhalten!

**13** **degewo-Skywalk • Raoul-Wallenberg-Str. 40/42, 12679 Berlin • degewo.de (nur nach Anmeldung im Kundenzentrum Marzahn: Tel. 030 264 85 25 88, marzahn@degewo.de, Eintritt frei)**

**14** **Kienberg • Hellersdorfer Str. 159, 12619 Berlin • gaertenderwelt.de**

degewo

# Kalorien-Killen Bei Sport im Park und Ballett auf dem Dach

**2500 Parks und Gärten!** Immer gratis! 24/7 frische Luft statt Muckibuden-Mief! Also raus auf die Wiese: ob Zirkeltraining, Yoga oder Slacklining, ob Bodystyling oder Aerobic. Drei Ideen zur Bekämpfung des inneren Schweinehunds:

Beim *Schwitzen im Park* treffen sich bodenständige All-Wetter-Sportler dienstags und sonntags im Angesicht des goldenen Hirschen im Volkspark Schöneberg – auch wenn's schneit. Es geht familiär zu, die Trainer wissen, was sie tun, und man kommt sich näher zwischen Aufwärmen, Drüberhüpfen und Gruppenfoto.

Step-ups, Pull-ups, Sit-ups. Der Monbijou Park gegenüber vom Bode-Museum ist der Open-air-Treff der Calisthenics und *Freeletics*, männliches Erkennungszeichen: oben ohne. Umsonst und draußen praktizieren Jungmänner hier Krafttraining, vor internationalem Publikum, während die Latino-Beats wummern. Einige exerzieren den Mucki-Aufbau allein mit eigenem Körpergewicht, etwa beim eindrucksvollen »Lizard Walk«. Andere hängen an der »Monkey Bar« ab, mit einarmigen Klimmzügen an der Stange.

Gehobener geht's beim *Private Roof Sport* von Sergey Koskov zu: Der Ballett-Maestro treibt seine Schützlinge wöchentlich an der Barre-Stange zu Höchst(!)leistungen an – auf dem Dach mit dem wahrscheinlich tollsten Berliner Sunset-Workout-Panorama!

**← Zu allen Jahreszeiten und nicht nur bei schönem Wetter: Beim Open-air-Schwitzen auf der Wiese und auf dem Dach schmelzen auch die Kilos!**

**15** **Schwitzen im Park • Rudolph-Wilde-Park, Freiherr-vom-Stein-Str., 10825 Berlin • Facebook: SchwitzenImPark**

**16** **Freeletics Training Ground • Monbijoustr., 10178 Berlin • Facebook: freeleticsTGberlin**

**17** **Private Roof Sport • Frankfurter Allee 6, 10247 Berlin • Facebook: PrivateRoofSport, Instagram: privateroofsport**

# Fatima & die Detektive
# Escapespiele in der Bibliothek

→ **Flucht aus dem Escape Room und …**

→ **… kleine Fluchten in die Welt der Literatur mit Hausgeist Luise – das bietet die Bibliothek am Luisenbad**

**Keine 50 m vom Tohuwabohu auf der Badstraße** und nur einen Katzensprung vom wohl verrufensten Berliner Kiez entfernt verbirgt sich an der Panke eine charmante Augenweide: die *Bibliothek am Luisenbad* im Brennpunkt Wedding. Hinter ihrer herrlichen Neorenaissance-Fassade ist diese kleine Bücherei so viel mehr als nur eine banale Buchausleihstätte. Hier ist echt was los: Die Kids und Jugendlichen suchen im Escape Room auf den Spuren von Kurt Tucholsky nach einem verschollenen Manuskript oder beim Geocaching nach Luise, dem Hausgeist des damaligen Vergnügungskomplexes von 1900. Also aufgepasst, ob ihr am Bücherregal einer Frau mit himmelblauen langen Haaren begegnet! Auch die Berliner Comic-Szene feiert sich mit Lesungen und Partys im ehrwürdigen Puttensaal, an dessen Stuckdecke noch immer die Engel tanzen.

Ein Glück: Das imposante Vestibül mitsamt »Kaffè-Küche«-Schriftzug aus Klinker behauptete sich in den 1970ern quasi in der letzten Minute gegen die Abrissbirne, nachdem das historische Marienbad schon fast weg war, halb kriegszerstört, halb demoliert. Der moderne Glassaal überrascht nach dem Eintritt mit Weite und Licht, einer Rampe und dem Lesegarten.

INSIDER-TIPP
**Zum Schaudern**

Ebenfalls im Wedding lockt im Stephankiez der »Krimisalon« Fans des Genres in die *Bruno-Lösche-Bibliothek*: 6000 Krimis! 1600 »kriminelle« Hörbücher! 800 Kriminalfilme auf DVD! Von Agatha Christie bis Raymond Chandler!

**18** **Bibliothek am Luisenbad • Badstr. 39, 13357 Berlin • berlin.de/stadtbibliothek-mitte/bibliotheken/bibliothek-am-luisenbad/**

**19** **Bruno-Lösche-Bibliothek • Perleberger Str. 33, 10559 Berlin**

Die Stimmen von
Kurt Tucholsky

Spielfilm
THE PIER
THE PIER
Luise liest

# Schnepfen und Flussauen
## Eine Havel-Radtour

**Prädikat: SEEnswert!** Das rund 70 km lange havelländische Rad-Abenteuer stromabwärts beginnt ganz unspektakulär, aber waldig: Hinterm S-Bahnhof Wannsee geht's rechts rein in den Düppeler Forst auf der autofreien Pfaueninselchaussee. Ein schöner Blickfang am anderen Ufer: die Sacrower Heilandskirche. Potsdam liegt gleich hinter der berühmt-berüchtigten Glienicker Brücke, wo man noch heute Spionen begegnet – in der Dauerausstellung in der Villa Schöningen *(villa-schoeningen.de)* am Ende der Brücke. Rechter Hand weiter der Schwanenallee am Wasser folgen bis hinter Schloss Cecilienhof, wo das Rad fast von allein durch den Neuen Garten rollt und über Radwege an großen Potsdamer Alleen Richtung Schlosspark Sanssouci. Dort ist das Radeln auf ausgewiesenen Radwegen erlaubt, im Süden stehen sogar Friedenskirche, Chinesisches Haus und Neues Palais Spalier.

**← Nur eins der Highlights während der Radtour**

INSIDER-TIPP
**Radeln ohne Sorgen**

Die Radtour verläuft hinter Sanssouci über die schnurgerade und schattige Lindenallee und den Werderschen Damm gen Südwesten und weiter über die Havel-Brücke am Schwielowsee in die Blütenstadt Werder (Zernsee-Brücke gesperrt bis mind. Juli 2022).

Ab dem Dorf Phöben radelt ihr bis Ketzin kilometerlang auf dem wohl schönsten Abschnitt des ausgeschilderten Havelradwegs: immer schön flussseitig auf Deichen, (fast) immer die Havel im Blick, entlang von saftig-grünen Wiesen und Feldern, vorbei an Pferden und Rindern, Schafen und ein paar Skatern.

In den grünen Flussauen und auf unbewohnten Havelinseln tummeln sich besonders im Herbst viele (Zug-)Wasservögel, Feldhasen, Fuchs und Reh. Kontrastprogramm beim Endspurt: Die letzten ca. 7 km hinter Gollwitz nach Brandenburg an der Havel fährt man auf Radwegen links oder rechts der B1, teils ist das Gewerbegebiet, da muss man durch …

**20** **Infos unter: reiseland-brandenburg.de → 4. Etappe »Havel-Radweg«**

# Drahtseilakt
# Spontan mitmischen im Improtheater

**Weit und breit kein Script oder Teleprompter.** Souffleusen?! Nie gehört. Im Improtheater sind wahre Könner der Schauspielkunst zu erleben. Wie im echten Leben ist jede Vorstellung anders, keine Wiederholung möglich.

Hier bestimmt das Publikum mit Zurufen, welche Themen oder Aufgaben von den teils diplomierten Multitalenten darzustellen sind. Das Impro-Handwerk umfasst Komödie und Tragödie, Western und Musical, alles aus dem Stegreif rasend schnell entwickelt und trotzdem stilsicher und stimmig von Szene zu Szene vorangetrieben.

*Theatersport Berlin* waren die Pioniere 1995. Unvergessen genial: ihr »einarmiger Geiger«, der bei seinem letzten Wunsch (noch einmal fideln) den Gangster mit dem Bogen ersticht. Oder die groteske Erlösung der Riesenrad-Passagiere, die erst nach Jahren feststellen, dass ihre Gondel nur knapp über dem Boden steckengeblieben war. Da wird die Besenkammer des Weißen Hauses zum Schauplatz eines brutalen Showdowns, ein Doping-Skandal zum Shakespearschen Drama oder der G8-Gipfel zur tränenrührenden Operette. Ein Moderator mit Trillerpfeife zieht Punkte ab für verpasste Einsätze oder allzu billige Witze. Das Publikum bestimmt am Ende den Gewinner der beiden Schauspielmannschaften.

Auch das Ensemble der *Gorillas* besteht aus Schauspielern, die teils aus Kino und Fernsehserien bekannt sind. Die Truppe, die meist im Kreuzberger Ratibor-Theater auftritt, hat eine eigene Impro-Schule und das jährliche Impro-Festival im März begründet.

**← Ob beim Theatersport oder bei einem Gläschen Wein – immer ist Improvisation angesagt**

**21 Theatersport Berlin • theatersport-berlin.de (wechselnde Orte)**

**22 Die Gorillas • Cuvrystr. 20a, 10997 Berlin • die-gorillas.de bzw. improfestival.de**

# Wilder Norden
# Auf Safari per Rad und zu Fuß

→ **In der Schönower Heide (oben) und im Hobrechtswald (unten) sind Wildtiere als Landschaftspfleger »angestellt«**

INSIDER-TIPP
**Tränken als Foto-Fallen**

**Vor den Toren Berlins weht ein Hauch von Wildwest.** Der riesige Barnimer Naturpark beherbergt zwei Flecken Erde, die früher so gar nicht für Erholung und Entspannung standen: die Rieselfelder und ein Manövergelände. Wo trübe Brühe zum Himmel stank und DDR-Panzer dröhnten, begegnen dir heute Wildpferde und zottelige Rinder – auf einer Kombi-Radtour (16–20 km, 4 Std.).

Als weithin unbekannte Schutzlandschaft gleich hinter der Pankower Stadtgrenze überrascht *Hobrechtsfelde* mit Waldweide zwischen Seen, Mooren und Fließen. Hier haben nicht nur Bildhauer ihre Spuren hinterlassen, hier grasen auch »betreute« Wildtiere als Landschaftspfleger: rund 80 polnische Koniks und ein paar Fjordpferde sowie 120 Galloways, Uckermärker und schottische Hochlandrinder im fotogenen Wuschellook. Diese gehörnten Hippies vor die Linse zu bekommen ist auf den schattigen Pfaden gar nicht so einfach – am besten ihr versucht euer Glück an den Tränken.

In der nördlichen *Schönower Heide* hast du die Qual der Wahl: Im Frühjahr trällert die Heidelerche ihr melancholisch wirkendes Lied, im Sommer kannst du im Gorinsee baden, und im Spätsommer flasht das Lila der Heideblüte, Steinpilz und Rotkappe stehen im Wald Spalier. Entlang der beiden bezäunten Rundwanderwege (1,6 bzw. 5 km) lassen sich zwischen weiten Silbergrasflächen und Besenheide statt Panzern heute mit etwas Glück friedliche Rehe und Hirsche blicken, auch Eisvogel, Wachtelkönig und Kraniche sowie leuchtend grüne Zauneidechsen sind hier zu Hause. Von zwei Aussichtshügeln und mit Geduld klappt die Safari vielleicht …

**23** **Hobrechtswald und Gut Hobrechtsfelde • 16341 Panketal • naturimbarnim.de**

**24** **Schönower Heide • Schönwalder Chaussee 33, 16321 Schönow (Bernau) • barnim-naturpark.de**

# AHOI!
# Mit dem Badedampfer in die Spree stechen

→ **Berlin mal anders erleben: tuckernd in der warmen Badewanne des Badedampfers und …**

→ **… beim Schwitzen auf dem Saunadampfer**

**Höchste Zeit, dass ihr selbst mal zum Hingucker werdet:** ganz ohne laut dröhnende Partyboote, im Mini-*Badedampfer* mit bis zu fünf befreundeten Wasserratten! Das geht ganzjährig auf der Spree, ob Schneegestöber, Hitzewelle oder Regenschauer. Mit Sonnenhut, Kapitänskäppi oder russischer Fellmütze. Mit Badeente oder Weihnachtsbäumchen am Bug. Das große Badeschiff an der Arena in Treptow hat eine genial-witzige Konkurrenz für alle Individualisten bekommen: Der Badedampfer ist eine Art elektrisch betriebene Alu-Badewanne, ein schippernder Whirlpool. Auf jeden Fall: ein toller Outdoor-Spaß!

Jannis und »Feelgood-Managerin« Josi kümmern sich vor dem Ablegen am Treptower Park um wirklich fast alles: Bier, Wein oder Sekt im Eiskübel sowie Fingerfood stehen auf Wunsch bereit, ebenso eine Musikbox; Badeshorts und Bikini können Kurzentschlossene preiswert kaufen. Und das Beste: Ihr braucht keinen Bootsführerschein, um Pinne und Kommando in »Deutschlands erster schwimmender Badewanne« zu übernehmen.

Während nun der Veuve Cliquot im Champusglas vor sich hin perlt und die Sonne sich hinter der Oberbaumbrücke glutrot verabschiedet, beheizt der kleine Unterwasser-Holzofen das Badewasser konstant. Wenn's draußen an der Luft so richtig kalt ist, ergibt das noch einen schönen Nebeleffekt. Geht DAS noch zu toppen? Aber hallo! Mit dem *Saunadampfer* ist Dampfer-Tüftler Jannis ein exklusiver, aber bezahlbarer Wellness-Coup gelungen: eine schwimmende Privatsauna mit Wintergarten. Bademantel und Sarong sind mit an Bord, also gleich mal Anker werfen und losschwitzen.

**25** **Badedampfer/Saunadampfer • Bulgarische Str., Ecke Poetensteig, 12435 Berlin • badedampfer.de**

SAUNADAMPFER.de

# Vom Winde verweht
# Surfen & Kiten auf dem Runway!

**Tempelhof ist bekanntlich nicht Hawaii.** Nicht einmal ein Hauch von Rügen ist auf dem Asphalt zu spüren. »Betonsurfen« nennen Spaßverderber die windgetriebenen Funsportarten auf der stillgelegten Landebahn des *Tempelhofer Feldes*. Doch irgendwo müssen die Kids ja schließlich anfangen zu üben. Und immerhin: Ertrinken kann hier keiner …

Los geht's: Beim Windskaten oder Landsurfing nimmst du Fahrt auf mit dem Wind, das Segel direkt vor deiner Nase. Der gemütliche Skater nimmt das Longboard, wer Tricks und Sprünge ausprobieren will, hüpft mit dem kleineren Skateboard voran – auf dem (einzigen!) Berliner Hot Spot der Landsurfer und Windskater, die bis zu 70 km/h auf der alten Rollbahn schaffen.

Eine Steigerung gefällig?! Wie wäre es mit einer Runde Kitesurfen? Ohne Meer heißt das natürlich korrekt: *Kitelandboarding*. Oder noch cooler: Streetkiten. Man braucht: einen Drachen, ein Mountainboard, Wind und viel Platz. Den Helm nicht vergessen! Ein bisschen »Windfenster«-Know-how kann auch nicht schaden, um nicht ungewollt in die Luft zu gehen. Denn wen der berüchtigte Berliner Westwind erst einmal so richtig anschubst, der könnte auch Richtung Niemandsland abheben. Das kann passieren, wenn der Gleitschirm zu groß, der Kiter zu ungeübt und der Wind zu stark und böig ist (v. a. Frühjahrswinde). Die wahren Drachenbändiger legen erst im Herbst so richtig los, drehen sich hier einmal, zweimal durch die Lüfte und landen elegant auf den luftgefüllten Gummirädern auf der Wiese oder der Landebahn. Fehlt eigentlich nur noch das Meeresrauschen …

**← Übung macht bekanntlich den Meister: Auf dem Tempelhofer Feld lernst du streetkiten**

**26** **Kiter-Kurse auf dem Tempelhofer Feld • Kite Flow (kiteflow.de)**

# Bei Merlin & Co.
# Essen wie die alten Ritter

**Robin Hood, der Highlander und J. R. R. Tolkien hätten sich hier sauwohlgefühlt.** Denn jetzt wird's deftig und heftig wie im »Herr der Ringe«. Wir drehen das Rad der Zeit um ein paar hundert Jahre zurück: Willkommen im Mittelalter!

Empfindsame Seelen sollten gleich zu Hause bleiben, denn im Lokal *Tafelrunde* geht es nicht nur laut zu beim Schlemmen und Schmausen. Messer, Gabel, Gläser? Gibt's hier nicht! Dafür Dolch, Krüge und Kuhhorn. Und natürlich deine Finger. Es darf geschlürft, gekleckert, gesoffen und geschunkelt werden. Lautes Mitsingen ist unbedingt erwünscht.

**↓ Tauch ein ins Mittelalter: Bei Musik und deftigem Essen kommt Stimmung auf**

Memmen und Jammerlappen haben hier nix verloren. Erlebnisgastronomie mit Rollenspiel zu Tische, das muss man mögen. In dem urigen »mittelalterlichen Gasthaus« werden aber irgendwann selbst die Gäste mitgerissen, die mit Mittelalter erstmal so gar nichts am Hut haben (und wohl eher als Familienmitglied mitgeschleppt wurden). Hier gilt: Einfach mal mittelalterlich locker sein. Drückeberger sind Spielverderber. Zwischen den Gängen begleiten Musiker mit Dudelsack, Laute und Horn das spaßige Fressgelage mit Griebenschmalz und Gänsekeule, Haxe oder Spanferkel. Knechte und Mägde reichen das älteste Gesöff der Welt: den Metwein aus Wasser und vergorenem Honig, mit dem sich die Edelleute und Burgfräuleins aus dem echten Naturhorn laben – alle aus einem Horn, versteht sich ... Gaukler, Minnesänger und Ritter sorgen für Stimmung, z. B. mit Berliner Gassenhauern wie »Bolle reiste jüngst zu Pfingsten«.

Darauf noch einen Honigwein. Mahlzeit! Und gehabt euch wohl!

**27** **Tafelrunde • Nachodstr. 21, 10779 Berlin • tafelrunde-berlin.de (nur mit Reservierung)**

Gestresst? Dann tief durchatmen, Ommm, die entspanntesten Auszeiten liegen gleich hier um die Ecke. Im Wintermärchenwald, im Whirlpool unterm Sternenhimmel, in der Hängematte oder beim »Kalten Knieguss«. Hier findest du ganz schnell wieder zur eigenen Mitte.

# Die ruhigen Ecken

## Entspannen von minimalistisch bis luxuriös

# Traumwelten
# Berlins schönste »Stille Örtchen«

→ **Einfach glamourös: Das Flair der goldenen 20er-Jahre lebt auf – in der Unterwelt, den Sanitärräumen des Wintergarten Varietés**

**Um es vorweg zu nehmen: Es geht hier gleich ums Pipimachen.** Aber allein dafür ist das stille Örtchen im *Wintergarten Varieté* viel zu schade! Eine Marmortreppe geleitet hinab in die neuen Unterwelten des Theaters – und wo sonst möchte man in der Pinkelpause prompt ausrufen: Dieses Männerklo ist ein Traum! Bronze und Mosaiken, Spiegel wohin man(n) schaut, verwirrende Perspektiven und falsche Schatten. Seifenblasen an der Decke. Auch die Damen erleben eine WC-Kunst-Erlebnis-Welt mitsamt »Irritationsgang«, der imaginär endlos erscheint (was im dringenden Fall zu einem Problem werden könnte …). Magische Spielereien wohin du auch schaust, z. B. im Spiegel: Da tanzen weiße Federn ums eigene Spiegelbild. Samt und Seide, und natürlich: ein »Puderraum« mit Schminksäule in Zartrosé. Die edlen Boudoirs sind Kunstinstallationen aus Designer-Träumen (Hut-Designerin Fiona Bennett und Hans-Joachim Böhme). Ein Tempel für die Notdurft. Mit Pianist im luxuriös-loungigen Toiletten-Foyer – wenn da mal nicht die Burlesque-Revue oder Zaubershow oben auf der Bühne zur reinen Nebensache wird.

Nur ein paar Schritte weiter: Im *Golvet*, Berlins Michelin-Sternelokal mit dem Dreiklang Kunst, Kulinarik und Kultur, wird das drängende Bedürfnis ebenso zur visuellen Wohltat, nur etwas bunter mit einem Hauch Rocky-Horror-Picture-Show – aber auch dieses »Urban Art«-Klosett möchte man gar nicht mehr verlassen. Hier durften sich Street-Art-Kollektive verewigen (in den Toiletten die schweizer One Truth Brothers), auch Tape und Folien kamen an den Lokalwänden zum Einsatz, etwa mit den Dixons.

1 **Wintergarten Varieté • Potsdamer Str. 95, 10785 Berlin • wintergarten-berlin.de**

2 **Golvet • Potsdamer Str. 58, 10785 Berlin • golvet.de**

ELFRIEDE
HOFFMANN

# Who is who im Totenreich Promisuche auf dem Friedhof

**Ein Friedhofs-Spaziergang ist ein bisschen wie an der efeuberankten Zeitkurbel zu drehen.** Auf dem *Alten St.-Matthäus-Kirchhof* in Schöneberg geht es durch mehr als 160 Jahre deutscher Geschichte, ihre Märchen, Albträume und Abgründe. Vorbei an den Ehrengräbern für die Brüder Grimm und dem Gedenkstein für die Widerstandskämpfer im Dritten Reich um Claus Graf Schenk von Stauffenberg. Einige Todes-Tempel mit Säulengängen und Atrium zeugen von angehäuften (Bankiers-) Reichtümern. Bildhauer Gerald Matzner ruht nahe seines Kofferstapels aus Ton und Box-Weltmeister »Rocky« Graciano Rocchigiani inmitten eines Box-Rings. Die Untertanen des »Königs von Deutschland«, Rio Reiser, lassen bei Gedenkkonzerten die Kapelle rocken.

Weitere Promis ruhen auf dem *Südwestkirchhof Stahnsdorf:* Dieter Thomas Heck, Manfred Krug, Gustav Langenscheidt, Walter Gropius, Werner von Siemens und Heinrich Zille sind nur einige von ihnen. Wegen der Weitläufigkeit darf man sogar mit dem Fahrrad zu den Gräbern von Ardenne bis Zille radeln, auf einer geführten 2-Std.-Tour (auch allein per Audioguide möglich).

Hängematte, Sonnenbad und Fußballspielen – auf einem Friedhof? Im *Leise-Park* ist das sogar erwünscht und alles andere als leise! Der Friedhof St. Marien-St. Nicolai wich einer Grünfläche, aber ein paar Gräber, Statuen und griechisch anmutende Pavillons konnten sich behaupten.

**← Zwei Hingucker: auf dem Südwestkirchhof Stahnsdorf die norwegische Holzkirche (oben), auf dem Alten St.-Matthäus-Kirchhof Gerald Matzners Tonskulptur »Gepäck fürs Jenseits«**

INSIDER-TIPP
**Von Grab zu Grab radeln**

**3** **Alter St.-Matthäus-Kirchhof • Großgörschenstr. 12–14, 10829 Berlin • Facebook: Kirchhof**

**4** **Südwestkirchhof Stahnsdorf • Bahnhofstr. 2, 14532 Stahnsdorf • suedwestkirchhof.de**

**5** **Leise-Park • Heinrich-Roller-Str. 24, 10405 Berlin**

# Lieblingsplatz
# Ein Teehaus für Charlotte

→ **Auf dem Böttcherberg liegt still die hübsche Loggia Alexandra – drinnen führte einst eine Wendeltreppe auf die Dachterrasse**

**Eine Fata Morgana?** Wer den Böttcherberg im Zehlendorfer Buchen- und Eichenwald besteigt, der traut nach 300 m auf dem Trampelpfad seinen Augen nicht: Drei prächtige Arkaden lugen hinter dem Grün hervor, als hätte sie ein Florentiner Baumeister aus der frühen Renaissance gerade eben hier auf den Berg gesetzt. Ein Motiv zum Verlieben!

Der kleine Teehaus-Pavillon gehört zum Berlin-Potsdamer UNESCO-Weltkulturerbe. Preußens Glanz und Gloria – einmal ohne Massen, ganz für dich allein! Es war Prinz Carl von Preußen, der die *Loggia Alexandra* im 19. Jh. zu Ehren seiner Lieblingsschwester Charlotte von Preußen errichten ließ. Eine Belvedere-Aussichtsplattform, ein herrliches Kleinod mit Mosaiken und Fresken, seit der Sanierung hinter Sicherheitsglas: pompejanisch anmutende Wandmalereien mit leuchtenden Farben und ganz zauberhaften Nymphen, vom späten Sonnenlicht wie mit einem Naturscheinwerfer in Szene gesetzt – und nachts sogar beleuchtet!

Die Parkbank über dem winzigen Tal ist einer der romantischsten Logenplätze Berlins. Wenn an einem sonnigen Herbsttag die Bäume in königlichem Gold leuchten, könnt ihr in Gedanken den Spuren des bewegten Lebens der Charlotte folgen, aka Zaren-Gemahlin und Kaiserin Russlands Alexandra Fjodorowna (aber das ist eine andere Liebesgeschichte …)

**INSIDER-TIPP**
**Dorfschönheiten**

Das dem Tal zu Füßen liegende (aber verdeckte) Dorf Klein Glienicke gehört übrigens schon zu Potsdam – eine Enklave, die mit ihren beiden originellen UNESCO-»Schweizerhäusern« einen Abstecher wert ist …

**6** **Loggia Alexandra • Am Böttcherberg (ausgeschildert), 14109 Berlin**

# Barfuß-Spaziergänge
# Mit und ohne Kneipp

**Slow Medicine oder Retro-Medizin – so könnte man die Naturheilkunst von Sebastian Kneipp nennen.** Der weltberühmte Pionier der Kaltwassertherapie feierte kürzlich zwar schon seinen 200. Geburtstag, aber die letzten heißen Sommer brachten ein Kneipp-Revival: mit kalten Armbeugebädern am Morgen (die Kneippianer schwören drauf: aufmunternd wie ein Espresso) und wechselwarmen Bein-Güssen am Abend.

**← 1985 war hier Bundesgartenschau, heute lädt die Kneipp-Anlage »Kalter Knieguss« zum Gesundheitsparcours**

Beim Spaziergang durch den *Düppeler Forst* entschleunigt der »Kneippsche Verweil- und Heilort«, nicht erst, seit Wald und Wasser boomen. Ein Fuß-Wellness-Abstecher zu dem kleinen Gesundheits-Pfad bietet sich an vom Vier-Seen-Weg aus, der ganz in der Nähe verläuft (vom Wannsee zum Griebnitzsee, 5 km, 2 Std.) oder vom hier kreuzenden Europawanderweg E 11 (der 2500 km lang von Holland nach Litauen führt). Da tun eine Rast und etwas Chillen für die Füße gut, auch wenn es anfangs Überwindung kostet. Zur erfrischenden Fuß-Kur gehören Barfußpfad, Brunnen, Wasserspiel und »kreative Waldmöbel«.

Falls sich an der kleinen Kneipp-Anlage mal wieder die Vandalen ausgetobt haben, weichen Kneippianer nach Neukölln aus auf den *Kneipp-Gesundheitsparcours im Britzer Garten:* Drei Stationen ab der Wassertretstelle am Wiesenbach, inklusive Armtauchbecken und Kalter-Knieguss-Säule, bringen dich wieder in Schwung – eventuell mit Unterstützung von Kneipptrainerin Christiane Groß (*christianegross.de*, regelmäßige Kneipp-Kurse mit Tai Chi/Qigong, 5 Euro p. P.).

INSIDER-TIPP
**Kneippen mit Tai Chi**

**7** **Kneippanlage Düppeler Forst, Zehlendorf • Kneippweg • ca. 30 Min. zu Fuß ab S-Bhf. Wannsee (Anlage momentan nur provisorisch instand gesetzt)**

**8** **Kneipp-Gesundheitsparcours im Britzer Garten (4 Eingänge) • Mohriner Allee 152, 12347 Berlin • britzergarten.de**

# Luxus-Wellness Über den Dächern Berlins

→ **Entspannung mit Blick auf die City im Grand Hyatt Berlin**

→ **Wellness pur im Floatingbecken der Salzperle mit ruhiger Musik und Lichttherapie**

INSIDER-TIPP
**Nachts im 1000-Sterne-Spa**

**Ob auf der Wiese im 8. Stock oder im Pool:** Im riesigen *Club Olympus Spa* lasst ihr die Seelen baumeln (auch als Nicht-Hotelgäste). Das Rooftop Spa im Luxushotel punktet als lichtdurchflutetes Tagesspa der Extraklasse, da kommt sogar der Wasserfall auf Knopfdruck. Finnische Sauna, türkisches Dampfbad – kennt man alles. Hier aber kümmern sich die Wohlfühlprofis auch um vermeintliche Kleinigkeiten: um Hornhaut, Augenfalten und den müden Augenaufschlag beim Mann! Aber die »Pro-Sleep-Massage« zieht sicherlich nicht nur vom Jetlag gezeichnete Geschäftsleute an und die »Speedy Manicure« nicht nur gehetzte Business-Ladys. Wer sowieso als Pärchen kommt, legt zum Tageskartenpreis einfach noch was drauf für ein exklusives Erlebnis – nachts im Whirlpool unterm Sternenhimmel – und bekommt den De-Saint-Gall-Schampus noch dazu …

Die Leichtigkeit des Seins zelebriert die familiäre *Salzperle* in Weißensee. Das Team hilft dabei, den »Alltagssorgen zu entschweben«. Wortwörtlich. Bei Dunkelheit oder gedimmtem Licht und sanften Klängen geht die Reise los: ein salziger Kurzurlaub wie am Toten Meer (wer's kennt), eine Zeitreise zurück in den Mutterleib (wer sich erinnert) oder ab in die Zukunft beim schwerelosen Astronauten-Feeling (wer schon mal für den Flug ins All üben will). Es soll Leute geben, die beim Schweben im Meersalzwasser vor lauter Tiefenentspannung das Beste verschlafen: Das Floating kann nicht nur die bösen Stresshormone vertreiben, es kann auch Unmengen von Glückshormonen ausschütten.

**9** **Club Olympus Spa & Fitness, c/o Grand Hyatt • Marlene-Dietrich-Platz 2, 10785 Berlin • hyatt.com**

**10** **Salzperle • Meyerbeerstr. 111, 13088 Berlin • salzperle-berlin.de**

# Hier geht's lang
# Im Tempel Erleuchtung finden

→ **Einblicke in eine fremde Welt: In der Pagode Linh Thuu nicht vergessen, die Schuhe auszuziehen**

**In Berlin leben Hunderte von Gottheiten, man muss nur wissen, wo.** Heimstatt des weisen vierarmigen Elefantengottes etwa ist die Hasenheide in Neukölln. Hier ist der *Sri Ganesha Hindu Tempel* im Bau, der Gopuram-Turm daher noch vergleichsweise blass. In der provisorischen Halle kannst du am Wochenende bei einer »Puja«-Zeremonie vorbeischauen und eine Kokosnuss oder einen Obolus fürs weitere Gelingen spenden. Oder ein paar U-Bahn-Stationen nach Süden fahren in den *Sri Mayurapathy Murugan Tempel*, wo man bei Berlins srilankischen Tamilen erleben kann, wie ein ordentlich-kitschiges Zuhause für Ganesha, Shiva & Co. im Hinduismus auszusehen hat: Hier reitet Kriegsgott und Beschützer Murugan auf seinem Pfau durchs Britzer Wohnviertel, und unzählige Gottheiten am kunterbunten Gopuram schauen ihm zu.

Vorsicht in Spandau! Zwischen schwedischem Möbelhaus, Müllverbrennungstürmen und Schrebergärten tauchen alljährlich rote und weiße Drachen auf. Die vietnamesische Gemeinde hat sich mit der buddhistischen *Chua Linh Thuu* ein imposantes Stück Heimat erschaffen, nicht nur beim Ahnenfest herrscht Trubel in der Pagode. Auch sonst vergisst man das Gewerbegebiet da draußen schnell. Vom gold-glänzenden Buddha bis zur tausendarmigen Göttin der Barmherzigkeit sind alle versammelt, die für Glück und (finanzielles) Wohlergehen im Buddhismus verantwortlich sind.

**11** **Sri Ganesha Hindu Tempel • Hasenheide 106, 10967 Berlin • hindutempleberlin.de**

**12** **Sri Mayurapathy Murugan Tempel • Blaschkoallee 48, 12359 Berlin • blog.mayurapathy-murugan-berlin.com**

**13** **Chua Linh Thuu • Heidereuterstr. 30, 13597 Berlin • linhthuu.de**

Cafe

# Späth Arboretum
# Flanieren im botanischen Garten

**Ü-ber-raschung!** Auch die Humboldt-Universität besitzt einen kleinen botanischen Garten. Abgesehen von Biologie-Studenten und Hobbygärtnern kennt kaum jemand das schöne *Späth Arboretum*. Dabei diente das Arboretum als Schau- und Sichtungsgarten der Späth'schen Baumschule, die um 1900 die größte Baumschule der Welt war und – seit 1720 im wörtlichen Sinn fest verwurzelt in der Stadt – der älteste Familienbetrieb Berlins ist. Zudem ist es die Mutter zahlreicher prominenter Berliner Pflanzen (Unter den Linden, Humboldthain, Rosengarten im Tiergarten ...)!

**← Wucherndes Grün und idyllische Ecken in einer wunderschönen Parklandschaft**

Im Späth Arboretum triffst du auf »krautige Sippen« und »Nacktsamer«. Das ist nichts Anrüchiges, weder ziehen markante Düfte noch FKKler durchs bürgerliche Treptow. Sondern: Hier stehen und gedeihen Nadelgehölze und viele andere alte botanische Berliner. Sie gelten als »Rekordbäume« unter den Eichen, Eschen und Buchen Deutschlands. Lauter vielfältige Bäume, auch mediterrane Zuwanderer, dazu Baumriesen wie die Mehlbeere von 1880 und die imposante Kegelfichte, die mit ihren 24 m sogar die Traufhöhe eines typischen Berliner Mietshauses überragt. Mehr als 1000 Baum- und Straucharten und 3000 sonstige Pflanzenspezies wachsen hier. Schattige Pfade schlängeln sich zwischen Farnen und Moor, Arznei-, Gift- und Gewürzpflanzen, Rosarium und Seerosen.

Fehlt noch eine Kräuterspirale für den Balkon – Koriander, »Diabolo-Oregano«, Mojito-Minze oder Heilkräuter –, Rat und Tat gibt's im Späth'schen Kräutergarten nebenan. Außer Hofladen, Biergarten und Skulpturengarten verlocken hier Tausendundein interessante Kurse und Feste von Botanischer Malerei bis Weihnachtsmarkt.

INSIDER-TIPP
**Für Balkon-Hexen**

**14** **Späth Arboretum • Späthstr. 80/81, 12437 Berlin • spaethsche-baumschulen.de**

# Och dit is Berlin
# Im Hinterhof-Bermuda-Dreieck

**→ Kleine Flucht weg vom City-Trubel? Der Krausnickpark bietet Ruhe und Abgeschiedenheit, vielleicht ist sogar eine Hängematte frei …**

**Die Oranienburger ätzt unter Partytouristen und babylonischem Remmidemmi,** dazwischen bayrische Schulklassen und leicht bekleidete Damen. Eingeborene dagegen sind in der Spandauer Vorstadt in Mitte kaum noch anzutreffen. Oder etwa doch?

Wie schön, dass niemand weiß … Ein Rumpelstilzchen würde sich natürlich nicht vom Gittertor der Hausnummer 19/20 abschrecken lassen, wo sich hinter Oranienburger-, Krausnick- und Große Hamburger Straße ein öffentlicher Hinterhof-Spielplatz verbirgt: der *Krausnickpark* mit Liegewiese und Gemüsebeeten, Klimmstangen, Baumschaukeln und Tischtennisplatte. Verkehrslärm und Hunde müssen draußen bleiben. Ein kleines Bermudadreieck aus Oase, Kids Fun und Bürgerengagement, wo Apfelbaum und Quitten blühen – auf die Früchte freut sich schon ein älterer Anwohner auf der Parkbank (»gut für Marmelade«). Im Frühjahr prahlt Flieder in dicken lila Büscheln neben Osterglocken, und im Herbst wiegen sich die Sonnenblumen im Wind.

Hinterhofwechsel – in ein lauschiges Überraschungs-Café mit Springbrunnen, interessanten (Mode-) Talks, Workshops und Yoga, Kunst und viel Grün. In H&M's *Mitte Garten* sind die Vintage-Klamotten und der 48-Stunden-Ausleih neuester Kollektionen fast Nebensache. Der hübsche Hof mit Sanssouci-Flair gehörte einst zur ehrenwerten »Volks-Kaffee- u. Speise-Hallen-Ges.«, kurz: einem Volkskaffeehaus, in dem Frauen und Männer um 1900 noch gesittet in getrennten Sälen speisten und kein Tindern daran etwas ändern konnte …

**15** **Krausnickpark • Oranienburger Str. 19/20, 10178 Berlin • krausnickpark.de**

**16** **»Mitte Garten« H&M • Neue Schönhauser Str. 13, 10178 Berlin • mitte.hm.com und Instagram: hmmittegarten**

# Paradies-Duo

# Park-Hopping in Neukölln

**Das Paradies liegt in Neukölln, gleich zwei mal.** Wunder Nr. 1: Im Mietskasernen-Ghetto zwischen Hinterhof-Moschee, Shisha-Laden und Kebab-Imbiss überrumpelt dich neobarocker Prunk! Der *Körnerpark* ist ein zauberhaftes, mehr als hundertjähriges Meisterwerk der Gartenbaukunst. Streng symmetrisch angelegt mit efeuüberwucherter Orangerie und Galerie-Café auf der einen Seite, Fontänen und Wasserspiel auf der anderen, dazwischen frohlocken steinerne Putten. Ein mediterran angehauchter Lustgarten mit Oleander und Bottich-Palmen.

Lässt einen dieses Neuköllner Mini-Versailles schon ehrfurchtsvoll staunen, so gilt dies umso mehr für den 500 m entfernten *Comenius-Garten* – einen philosophischen Lehrgarten. Ein

↓ Grüne Oase: der Comenius-Garten

↓ Chillen im Körnerpark

pädagogisches Projekt aus den rauen 1990ern mit Teich und Rosenhain, Wiesenbiotop, Gemüsebeeten, verträumtem Pavillon und Irrgarten.

Es ist ein Himmelreich für Kinder – mit strengen Regeln! Dafür sorgen die Engels-Gärtner um den Paradiesleiter Henning Vierck, auf dessen Initiative vor drei Jahrzehnten eine staubige Parkplatzbrache in diesen Kinder-Garten verwandelt wurde. Manche nennen es ein Wunder (Nr. 2!), auch der alte Herr Vierck mit dem langen weißen Bart, so mittendrin im Kiez der harten Clan-Jungs. Die Äpfel und Pflaumen in diesem Schlaraffenland sind quasi verbotene Früchte, sie sind Schulklassen und Kitagruppen vorbehalten (vormittags)! Die Kids können hier beim Rumstromern, Gärtnern oder Experimentieren mit Lupe und Mikroskop noch was lernen, vielleicht: Verantwortung, Respekt für die Natur und untereinander.

**17** **Körnerpark • Schierker Str. 8, 12051 Berlin • körnerpark.de**

**18** **Comenius-Garten • Richardstr. 35, 12043 Berlin • comenius-garten.de (ca. 12.30–19.30 Uhr, private Führungen mögl.)**

# Berlin zu Wasser
# Eine Sightseeingtour per SUP

→ **Auf dem SUP erlebst du Berlin von seiner »venezianischen« Seite**

**INSIDER-TIPP**
**Vergiss Venedig!**

**Tschüss ihr Segways und E-Roller!** Bye bye Hawaii! Berlin hat fünf Flüsse, vier Kanäle und 50 Seen! Über 200 km Wasserwege! Fast überall können geübte SUP-Enthusiasten vor Regierungsgebäuden oder Schlössern meditieren oder sich maximal instagrammabel vor dem Molecule Man beim Yoga verrenken. Paddelverbot gilt nur zwischen Kanzleramtssteg und Oberbaumbrücke! Am Wochenende, wenn die Spree nur noch zu erahnen ist unter all den Kanuten, Hobbykapitänen, Ausflugsdampfern und SUP-Karawanen, paddeln Clevere auf ruhigeren Flussabschnitten. Z. B. in Köpenick oder auf idyllischen Seen ganz tief im Südwesten Berlins. Eine schöne Lotosblüte bilden die Boards beim SUP-Yoga am Schlachtensee bei den *Steh-Paddlern*: Für den »herabschauenden Hund« oder den »ersten Krieger« musst du kein Yogi sein, aber Konzentration hilft ungemein beim Balanceakt auf dem Wasser, das freut nicht nur die Beckenbodenmuskulatur. Und der vorläufig letzte (SUP-)Schrei: Auf neuartigen SUP-*Wasserläufer*-Brettern dem Sonnenuntergang in Köpenick entgegensteppen – mit Lenker statt Paddel und hohem Spaßfaktor.

Unzählige schmale Kanäle verbinden viele Berliner Seen: In aller Ruhe SUPpen lässt es sich etwa vom Kleinen Wannsee Richtung Pohle- und Stölpchensee und weiter zum Griebnitzsee an der Berlin-Brandenburger Wassergrenze (ca. 3 km, auf Prinz-Friedrich-Leopold- oder auch Griebnitz-Kanal). Vorbei an Privatgärten, da guckt höchstens mal ein neugieriger Schwan zu.

**19** **Steh-Paddler • Fischerhüttenstr. 136 (Schlachtensee), 14163 Berlin und Sportpromenade 15, 12527 Berlin-Grünau • steh-paddler.com**

**20** **Wasserläufer • Müggelheimer Str. 1, 12555 Berlin • Facebook: wasserlaeufer.berlin**

# Sport in Zeitlupe
## Mit-Boulen im Park

**Wer einmal den Franzosen und wahren Könnern beim Boule zuschaut, in Marseille, Paris – oder Berlin-Tegel**, gerät schnell ins Staunen: Geschmeidig wie die Raubkatzen gehen selbst die Alten in die Knie, wippen kurz und werfen dann in hohem Bogen die 800 g schwere Stahlkugel gegen die gegnerischen Kugeln – schließlich will man so nah wie möglich an die Zielkugel ran, einen »carreau« erzielen und die Gegner möglichst elegant und »au fer« aus dem Weg schießen. Klack, geschafft!

Auf den 64 Außenbahnen (eine beheizte Boulehalle mit 10 Bahnen gibt's auch) herrscht im ältesten Berliner *Club Bouliste* Urlaubsfeeling im Schatten von Plantanen – auch wenn die Schiedsrichter mit ihrer Tirette (ein Zollstock) durchaus genau hingucken. Jeder darf mitmachen und sich eine Bahn mieten, bei Anfängern steht meist ein Vereinsmitglied mit Rat zur Seite, es sei denn, es finden gerade Turniere statt.

Am *Petanquistan Mauerpark* geht's täglich ab spätnachmittags rund, und manchmal auch nachts – mit Flutlicht. Die hier boulenden *Petanquistani* heißen auch Anfänger mit Kind & Kegel beim Mitspielen willkommen – wenn es zu frostig wird, zieht man in die ehemalige Kartoffelhalle nebenan.

Seit gefühlten 100 Jahren rollen die Kugeln in der Charlottenburger Schloßstraße mit schönster Schloss-Kulisse. Hier können Boulomanen im Sommer täglich auf dem schönen schattigen Vereinsplatz von *Boule Devant* auch mal probespielen.

**← Königlicher Background fürs Boule-Spiel: das Charlottenburger Schloss**

**21 Club Bouliste • Rue Doret 8, 13405 Berlin • club-bouliste.de**

**22 Petanquistan Mauerpark • an der Max-Schmeling-Halle, Gleimstr., 10437 Berlin • Facebook: petanquistan.de**

**23 Boule Devant • Schloßstr./Ecke Zillestr. 114, 10585 Berlin • boule-devant-berlin.de**

# »Klein-Venedig«
# Vom Haussteg ins Paddelboot

→ **Die Hauptstadt? Scheint hier ganz weit weg und die Kraniche ganz nah, immer im Frühjahr**

**Wer Urlaubsflair direkt vor der Haustür sucht, vermutet es nicht unbedingt hier:** »Klein Venedig« mäandert quasi direkt unterhalb eines fünf- bis neunspurigen Monsters namens Heerstraße und seinen beiden riesigen Havel-Viadukten Stößensee- und Freybrücke.

Die *Tiefwerder Wiesen* in Spandau entpuppen sich als ein kleines, lebhaftes Biotop aus Feuchtwiesen, Tümpeln und Auwald mitten zwischen Kanälen, Wassergräben, Havelarmen und -buchten wie dem Faulen See. Zwischen Südhafen und schwedischem Möbelhaus sind Seerosen und bordeaux-rote Wasserschwertlilien wohl das Letzte, was man entlang des Rundweges suchen würde, ebensowenig türkis-schillernde Eisvögel und Graureiher. Mit dem Kanu kannst du dich zwei bis drei Stunden durch die naturgeschützte Wasserlandschaft aus Schilfrohr und Trauerweiden treiben lassen – von hier sogar bis zum Tegler See oder runter zum Wannsee. Stets beäugt von Familie Schwan mit ihren grauen Sprösslingen, von Blässhuhn, Biber und Frosch.

Im letzten natürlichen Überschwemmungs-Feuchtgebiet Berlins fühlt sich auch eine Herde asiatischer Wasserbüffel sau-, ääh, büffelwohl: Die vierbeinigen Landschaftspfleger kooperieren von Frühling bis Herbst zusammen mit Schafen und Ziegen – als tierische Rasenmäher.

INSIDER-TIPP
**Bei Fischers Fritze**

Ob Fischbrötchen, geräucherter Saibling oder ein ganzer Wels: An der Fischbude unter der Freybrücke scheinen die Betreiber der »Spandauer Fischerei« Frischfisch im Blut zu haben – kein Wunder, denn hier leben die Nachfahren der Spandauer »Kietz-Fischer« aus dem frühen 19. Jh. (Do 14–17, Sa/So 10–17 Uhr).

**24** **Tiefwerder Wiesen • Der Bootsladen, Brandensteinweg 37, 13595 Berlin, der-bootsladen.de und 13 Kanus, Am Pichelssee 40 a–c, 13595 Berlin, 13kanus.de**

# Tief durchatmen
## Outdoor bei »Wald. Berlin.Klima.«

**Der Grunewald ist ein Multitalent, so groß wie 4200 Fußballfelder.** Er spendiert den Berlinern 20 000 t Sauerstoff und genauso viele Kubikmeter Holz – jedes Jahr. Und er ist als Wasserspeicher Berlins größter Getränkelieferant!

Die Open-air-Ausstellung »*Wald.Berlin.Klima.*« mit elf Informationsinseln startet am Grunewaldturm. Ein origineller 4-km-Rundweg bringt dich auf Aussichtsplattformen, ins Kirschental, auf Holzstegen zum moorigen Pechsee (nicht unheimlich, aber fürs Klima unheimlich wichtig) und zu einem malerischen Biotöpchen namens Himmelsauge. Baumrinden-Tastmodelle und Guckkästen, Grafiken und Soundinstallationen veranschaulichen, was dieser Wald mit dem Klimawandel zu tun hat. An Station 7 bitte mal mit Schmackes die Akku-Kurbel drehen (mind. 20-mal), bis »Waldgeflüster« ertönt: ein witziges Zwiegespräch zwischen Eiche, Birke und Kiefer. Mit der WBK-App gibt's offline die dazugehörigen Videos. Am Ende, während ein Specht über dir seine Bruthöhle in einen Baumstamm hämmert und der Wind durch die noch intakten Kronen rauscht, weißt du, was die Förster hier so treiben: wie sie den monotonen und sterbenden Kiefernwald zum widerstandsfähigeren Mischwald umbauen wollen – bis 2050, so der Plan.

Hoppla, hier tänzeln Moosjungfer-Libellen und Perlmuttfalter, dort schwarzblau-glänzende, hochgiftige Ölkäfer. Ein himmelblaues Moorfroschmännchen auf Partnersuche, knallrote Moosbeerenkugeln und violette Schwertlilien.

Lust auf ein Wissensspiel? Bei uRnature gibt es die passenden Fragen und Antworten für Groß und Klein zum Grunewald-Klima-Spaziergang *(urnature.de/seiten/missionen)*.

← **Info-Insel am Rundweg im Grunewald**

← **Warum die Bäume blau sind? Erfährst du unterwegs**

INSIDER-TIPP **Mission Grunewald**

**25** **»Wald.Berlin.Klima.« • Havelchaussee 61, 14193 Berlin • Facebook: Wald.Berlin.Klima**

# Eine Prise Dschungelbuch Wandern im Löcknitztal

→ **15 km nahezu unberührte Natur, keine Stunde von Berlin!**

**Eine Wanderung durch das Löcknitztal fasziniert mit urigen Naturschönheiten gleich hinter Erkner** – wer ab und zu die linealgeraden Forstwege durch den Kiefernwald verlässt und dem Flüsschen folgt, erlebt eine wild-romantische Begegnung mit Fischadler und Forelle, Kranich und Sumpfschildkröte.

Bei diesem abwechslungsreichen Tagesausflug (ca. 20 km, ca. 7 Std.) ins südöstliche Brandenburger Umland ruckelt man zunächst mit der historischen Tram 87 von Rahnsdorf bis zur Endstation Woltersdorfer Schleuse mit ihrer imposanten Klappbrücke.

Eine himmlische Rundum-Vogelperspektive über den Flakensee und weite märkische Kiefern- und Auenwälder verheißt der hölzerne Aussichtsturm auf dem Kranichsberg in Woltersdorf nach 90 Stufen *(woltersdorfer-verschoenerungsverein.de)*.

Am südlichen Ende der Uferpromenade am Flakensee gehts auf dem Theodor-Fontane-Weg südwärts Richtung Löcknitztalweg: Fotostopp am Wupatzsee, bei der »Froschbrücke« unter der A10 durch und ab ins Niedermoor-Naturschutzgebiet.

Der schmale Löcknitztalweg (weiß-gelb-weiße bzw. Holzschilder) versteckt sich bei Grünheide direkt neben dem Kriegsmahnmal an der Landstraße 23: Ab und zu mäandert und gurgelt das Flüsschen am Wegesrand zwischen Erlen, Weiden und weiten Lichtungen. Bänke verlocken zur idyllischen Pause, etwa bei Fontanes Kiefer: Der Dichter beschrieb 1882 im *Löcknitztal* »eine Reihe der anmutigsten Landschaftsbilder« auf seinen Wanderungen durch die Mark Brandenburg.

**26** **Löcknitztal, Brandenburg • ab Woltersdorf (ca. 30 km, 1 Std. von Berlin: Anreise z. B. mit S 3 bis Rahnsdorf + Tram 87; zurück ab Bhf. Fangschleuse oder Hangelsberg, halbstündl. RE 1 nach Berlin), 15537 Grünheide/Mark • tourismus-gruenheide.de**

# Dick einpacken

## Herbstlich-winterliche Spaziergänge

**Je mehr Nebel zwischen den Birken und Stieleichen herumwabert, desto mystischer** präsentiert sich die *Krumme Lake Grünau*. Beim morgendlichen Herbst-Spaziergang an das verwunschene Fließ mit Auwald im Berliner Südosten hat auch die Fantasie freien Lauf: Bewegt sich dort im dampfend-sumpfigen Rest des eiszeitlichen Urstromtales eine knorrige Hand? Hat ein Riese am Tümpel seine Spuren hinterlassen? Das Hexenhäuschen mitten im Wald ist keine Fata Morgana und lockt wirklich mit Glühwein zum Aufwärmen (Hanff's Ruh; Rundweg ca. 6–8 km, 2–3 Std.). Hier lohnt ein Abstecher in die idyllische Gartenstadt Falkenberg, ein eher unbekanntes UNESCO-Weltkulturerbe: Die malerische »Tuschkasten-Siedlung« mit farbenfrohen Ziegel-Häuschen, Schornsteinen und Fensterläden ist Berliner Moderne von Bruno Taut (1913; Gartenstadtweg 40, 12524 Berlin).

Abwechslung zwischen Wald, Wasser und Welterbe verheißt eine »grenzüberschreitende« Wintermärchenwald-Wanderung auf dem *Havelwanderweg* in Gatow: bis zum Sacrower Schloss und zur Heilandskirche mit ihrem markanten Campanile-Glockenturm. Jetzt ist es an diesem UNESCO-Schatz auch nicht so voll wie im Sommer. Zuerst geht es von Alt-Kladow meist am Havelufer voran, entlang der Fuchsberge und der Pfaueninsel. Der Rückweg führt am nördlichen Sacrower Seeufer durch den weitgehend sich selbst überlassenen Königswald und über den kleinen Luisenberg zurück zum Fährhafen Kladow (ca. 13 km, 4–5 Std.).

**← Romantische Baukunst am Weg: Die Sacrower Heilandskirche erhebt sich schon auf Potsdamer Terrain**

**INSIDER-TIPP**
**Wohnen im Tuschkasten**

**27** **Krumme Lake Grünau • Rabindranath-Tagore-Str., 12527 Grünau • Anreise: S8/S46 Grünau**

**28** **Havelwanderweg, Gatow/Sacrow • Alt-Kladow, 14089 Berlin; Schlosspark Sacrow, 14469 Potsdam • Anreise: X34, Bus 134 oder 20 Min. mit Fähre F 10 Wannsee–Kladow**

Hier ist was los, hier steppt der Bär. Und du: mittendrin. Stürz dich rein ins pralle Leben, in die urigsten Events, die spannendsten Bars, die stimmungsvollsten Konzerte, die angesagtesten Festivals. Man lebt schließlich nur einmal!

# Das pralle Leben

## In Feierlaune das ganze Jahr

# Die alten Preußen live Klassik bei Sophie Charlotte

**Tock – tock – tock.** Die Spannung steigt. Der Zeremonienmeister kündigt das schlosseigene Ensemble mit seinem Stab an. Die Mezzosopranistin frischt noch schnell den hippen Leberfleck an der Wange auf, der Kontrabassist zupft die weißgelockte Perücke zurecht. Nun kann die stilechte Zeitreise mit barockem Pomp und populären Barock-Klassikern von Mozart, Händel und Vivaldi im Schloss Charlottenburg beginnen. Wallende Gewänder und Fächer, weißgepuderte Kammermusikanten und Sängerinnen in originalgetreuen Kostümen. Alles Samt und Rüsche, von der Halsbinde bis runter zu den Hackenschuhen. Der preußische Hof zeigt sich bei den *Berliner Residenzkonzerten* von seiner opulenten Seite. Nach dem Sekt-Empfang im kuppelgewölbten Orangeriesaal wandelt man wie 1701 Königin Sophie Charlotte an rötlich-marmornen Säulen vorbei durch die Große Orangerie, wo das Berliner Residenz Orchester zwischen Bogenfenstern und barockem Stuck aufspielt. Bei gutem Wetter ab Mai auch als Klassik Open Air im Orangeriegarten des Schlosses.

**← Kammermusik wie anno dazumal. Die Kulisse? Standesgemäß**

Auch du kannst dich ruhig ein bisschen aufbrezeln. Es ist ein fast familiärer Rahmen mit nur rund 50 bis 100 Konzertbesuchern und 15 Musikern. Keiner hier würde mit der Wimper zucken, käme auch Sophie Charlottes Gemahl Friedrich I. etwas verspätet durch den Gang geeilt. Nur die Fußbodenheizung würde den ersten König von Preußen wohl etwas irritieren … Nach 70 Minuten und dem Duett aus Mozarts »Don Giovanni« (»Reich mir die Hand, mein Leben«) ist der Ausflug in die Welt der preußischen Regenten vorbei, man merkt's spätestens im dichten Verkehr am Spandauer Damm.

**1 Berliner Residenzkonzerte, Schloss Charlottenburg • Spandauer Damm 22–24, 14059 Berlin • residenzkonzerte.berlin**

# Hanami-Zauber
# Im siebten Kirschblüten-Himmel

→ **Der Himmel – ein Kirschblütenmeer. Darunter wandeln – einfach toll!**

**Wer die Berliner auf Völkerwanderung erleben will,** der kommt zum, nein: nicht zum Marathon, sondern zum Kirschblütenfest. Im brandenburgischen Teltow auf dem ehemaligen Mauerstreifen hinter Lichterfelde blühen 1100 Kirschbäume um die Wette – ein Naturwunder, gestiftet vom japanischen Fernsehsender Asahi aus Freude über die Wiedervereinigung. Jedes Jahr wird es voll und voller auf den drei Parallel-Wegen unter einem dichten Dach rosafarbener Blüten. Schon ab Mitte April wandelt die Karawane selfiegesteuert im siebten Kirschblüten-Himmel, nach drei Wochen ist der Spuk vorbei und die 1,5 km lange Allee bedeckt mit einem rosa Teppich herabgerieselter Blüten. Am letzten Sonntag im April, der Höhepunkt: das *Hanami-Kirschblütenfest*, ein exotisches Halligalli mit Taiko-Trommlern, märchenhaft-schrägen Manga-Figuren, Cosplayern und anderen roséhaarigen Fantasy-Verkleidungskünstlern, die die Allee quasi im Wettstreit mit dem rosaroten Blütentraum bevölkern.

Noch mehr Remmidemmi mit Riesen-Osterhase und Karussels verheißt die *Britzer Baumblüte*. Das Epizentrum ist Schloss Britz: mit Mini-Herrenhaus, Scheunen-Lokal, Heimatkunde-Museum, Kutschfahrten und »historischer Tierhaltung« auf dem kleinen Bauernhof. Auf dem Britzer Anwesen blühen zwar nur ein paar Kirschbäumchen, aber in der angrenzenden Hufeisensiedlung sieht man die sehenswerten zweistöckigen Häuschen von Bruno Taut vor lauter Blütenpracht manchmal gar nicht mehr – schade, verdecken sie doch immerhin ein UNESCO-Weltkulturerbe …

INSIDER-TIPP
**Da blüht dir wat!**

**2** **Hanami-Kirschblütenfest • TV-Asahi-Kirschblütenallee, 14513 Teltow • hanamifest.org**

**3** **Britzer Baumblüte, Schloss und Gutshof Britz • Alt-Britz 73, 12359 Berlin • schloss-gutshof-britz.de, britzer-baumbluete.de**

eiluftkino Friedrichshagen

ftkino Friedrichshagen

# Oho! Die kleine Schwester der Waldbühne

**Vergiss Netflix & Co.!** Ab in die Natur! Hier beginnt die Show schon vor der Show: Im *Freiluftkino Friedrichshagen* zischen Fledermäuse in der Dämmerung über die Köpfe der Zuschauer, dazu gesellen sich Mücken und später noch liebestoll-blinkende Glühwürmchen. Die Adresse ist JWD, janz weit draußen, und verheißt Berliner Provinzialität vom Feinsten: Hinter dem Kurpark 13, was kann da schon noch kommen …

**← Kino und Kunst im Grünen in einer defacto touristenfreien Zone – in der Pause versorgt man sich an Bar und Grill**

Ein Kino mitten im Wald(chen). Das Naturtheater Friedrichshagen ist ein Gartendenkmal aus den 1930ern mit Freiluft-Schauspiel und damals sogar Operetten, das man bis in die späten 1990er verfallen ließ. 2006 nahmen sich die Union-Kino-Macher des versteckten Dornröschens im tiefsten Südostberlin an. Da die Akustik so gut ist, wird das Open-air-Kino bei Konzerten quasi zur kleinen Schwester der Waldbühne, ob nun die André Hermlin Swing Band gute Laune verbreitet oder die Big Band des Polizeiorchesters.

Nicht vom Wetterbericht abschrecken lassen – oder von der befürchteten Aussicht auf lauter bunte Regenschirme: Die Veranstaltungen finden »bei jedem Wetter« statt, die hinteren Sitzplätze sind überdacht. Wer zuerst kommt …

INSIDER-TIPP
**Der frühe Vogel …**

Und alles so schön familiär hier: Du kannst dir sogar einen Film wünschen (auf Facebook), wo gibt's denn sowas! Fast schon Kult unter den Friedrichshagenern sind die Klassiker-Abende: »Dirty Dancing«, »Mamma Mia«, »Die Drei von der Tankstelle«. Dann geht's rund im Halbrund. Ob »80er Fete« oder »Ü30 Party« – Wunderkerzen und In-der-Reihe-tanzen gehören dazu. Und so haben nicht nur die (ostberliner) Poetry Slammer das Open-air-Kino als ihre liebste Heimstatt entdeckt. Also schnell hin, bevor sich das im Rest der Welt herumspricht …

**4** **Union Freiluftkino Friedrichshagen • Hinter dem Kurpark 13, 12587 Berlin • kino-union.de und Facebook: FLKfriedrichshagen**

# Mit Picknickkorb und Liegestuhl Im Jüdischen Museum!

**Eine heikle Gratwanderung steht an: schwere Kost und leichte Rhythmen.** Die Ausstellungsmacher im *Jüdischen Museum* sind sich aber sicher: Hier kannst du eines der wichtigsten Museen Deutschlands »von seiner schönsten Seite« erleben – im Museumsgarten mit eisgekühlter Limo und Picknickkorb im Schatten der Zierapfelbäume. Denn nach einem Rundgang durch nicht weniger als zwei Jahrtausende deutsch-jüdischer Geschichte – in dem alle Sinne herausfordernden Symbolbau von Daniel Libeskind – hat man sich diese Erholungspause wirklich verdient.

**← Im Jüdischen Museum mit dem Libeskind-Bau und dem Garten des Exils kann man auch picknicken**

Oder du kommst einfach zum »Kultursommer«. Von Juni bis August zieht das Museum alljährlich bei freiem Eintritt die Besucher auf die grüne Wiese hinter dem Altbau: mit Open-air-Lesungen, Theater, Comedy und Musik. Mal kann man zwischen Gänseblümchen den Hora-Kreistanz lernen, mal hebräische Kalligraphie, mal gibt es »Museums-Bingo« oder einen Workshop zum Nachbauen von Instrumenten aus Recyclingmaterial. An den Familientagen sind auch die Kids vollauf beschäftigt mit Mazze-Fladenbrot-Backen und Namens-T-Shirt-Bedrucken (hebräische Buchstaben), mit Pflanzentiere-Basteln, Schminken und Seifenblasen, mit Hüpfpferden, Riesenbausteinen und Planschen am Brunnen.

Mit dabei sind angesagte Musiker mit Heimatklängen. Das muss nicht immer Klezmer sein, auch Souliges, Balladen und bei den beliebten Sonntagsmatinees »Jazz in the Garden« werden geboten. Israelische Köche versorgen das Publikum mit orientalischen Leckerbissen und Street Food, die Picknickkörbe gibt's im Museumscafé »eßkultur«.

**5 Jüdisches Museum Berlin • Lindenstr. 9–14, 10969 Berlin • jmberlin.de/kultursommer und esskultur-berlin.de**

# Umsonst & draußen

## Mit Licht, Wind und Wasser

→ **Das Konzerthaus erstrahlt beim Berlin leuchtet**

**Wenn Laser und Videoszenen im August auf den schönsten Bauwerken Berlins tanzen,** dann ist das ausnahmsweise *nicht* das Festival of Lights. Das zweite internationale Lichterfest heißt: *Berlin leuchtet* (die Events bringen selbst gebürtige Berliner durcheinander). In den Kiezen setzen die Lichtartisten Rathäuser, Bahnhöfe und Bürogebäude in Szene, an denen man sonst achtlos vorbeiläuft. Für alle, denen das Festival of Lights ein paar Tage später zu XXL (3 Mio. Besucher!), zu perfekt und zu kommerziell ist.

Schon im Juni erstrahlt der Berliner Norden nachts im Schein einer imposanten Feuerwerks-Show, und dann zieht es auch die Berliner »raus« aus der Stadt: Beim *Spandauer Havelfest* herrscht Gedränge am Havelufer unter den Lindenbäumen zwischen Juliusturm- und Eisenbahnbrücke: 3 km Budenzauber mit Bowle, Kirschbier und Kunsthandwerk, drei Biergarten-Bühnen, drei Tage volles Programm zwischen Rock 'n' Roll und Dixie. Egal wo, ob in den Liegestühlen oder auf dem »Nostalgie-Karussell« – Lokalkolorit ist garantiert. Da kann man nich meckern, wa ...

Noch kieziger geht's nicht: An der *Britzer Mühle* gibt es zwar keine feste Sommerfeier, aber feste gefeiert wird hier ständig, etwa zum Deutschen Mühlentag am Pfingstmontag – mit Musike, Tanz und: Polonnaise zu Füßen der Holländermühle von 1865. Sie ist neben der Marzahner Bockwindmühle die letzte voll funktionsfähige Berliner Mühle – »windgängig«, sagt der Mühlenmeister.

**6** **Berlin leuchtet • jährlich im August • berlinleuchtet.com**

**7** **Spandauer Havelfest • Lindenufer, 13597 Berlin • partner-fuer-spandau.de**

**8** **Britzer Mühle • Buckower Damm 130, 12349 Berlin • britzer-muellerei.de**

# Hoch oben oder tief unten Auf Barhocker-Streifzug

→ **Der Weekend Club punktet mit seinem Ausblick!**

**Qual der Wahl im *Weekend Club*:** Salsa und Cebiche ziehen die Latino-Fans im Sommer auf den Dancefloor, mit den Disco Classics, House und Pop geht's am Wochenende zurück in die 90er. Jeden Samstag mundet BBQ auf dem gigantischen Dachgarten im 17. Stock des ehemaligen »Haus des Reisens«. Die Frischluft und das fantastische Panorama kann so schnell kein anderer Club toppen. Restrisiko: Die Türsteher sind unberechenbar, so wie sich das in Berlin gehört! Also immer schön mit Plan B antanzen!

Dry Gin mit einem Schuss Mate-Tee?! Havana Club mit Grünem Tee?! Kann man machen – im *260 Grad* neben der Mercedes-Benz-Arena. Du kannst natürlich auch bei den Klassikern oder Limo bleiben. Sicher ist: Auf der Veranda in Etage sieben über der Spree lässt es sich bei Open-air-Brise und funky Beats aushalten.

Vom Dach in den Keller: in die *Hafenbar* (nein, nicht die Kultige am Alex, sondern die kleine, in Tegel versteckte). Schwer kiezig und JWD, also janz weit draußen und damit Lichtjahre entfernt von dem, was DJ Westbam das »Easyjet-Techno-Berlin« in Friedrichshain & Co. nennt. In urig-holzgetäfeltem Ambiente sorgt die Hafen-Crew um Kapitän Daniel Schüler bei den kostenlosen Wochenendkonzerten für Stimmung. Die Bar-Lotsen und Spirituosen-Maschinisten wissen, was sie tun, ohne viel Seemannsgarn und Schickimicki, aber mit Steuerfrau. Direkt am schönen Tegler See, und nicht nur bei schwerer See zu empfehlen.

**9** **Weekend Club • Alexanderstr. 7, 10178 Berlin • Facebook: weekend.club.berlin.official**

**10** **260 Grad • Mühlenstr. 1, 10243 Berlin • 260gradbar.de**

**11** **Hafenbar Tegel • Wilkestr. 1, 13507 Berlin • Facebook: HafenbarTegel**

# »Früher war mehr Lametta!« Drei Advents-Fluchten

**Hinter den dicken Backsteinmauern der Kulturbrauerei** wird's schon ab Ende November weihnachtlich-heimelig: Hier kehrt Lucia ein, die schwedische Lichtbringerin lässt die Höfe mit Tausend Lichtlein erstrahlen. 1092 km entfernt von Stockholm gibt's auf dem *Lucia Weihnachtsmarkt* Gløgg zum Elchgulasch und schwedische Weisen vom »Luciakör«. Nicht wundern, wenn dich der wandelnde weiße Engel in seine Arme nimmt und knuddelt. Aufwärmen geht nicht nur am Schwedenfeuer, auch bei der originellen »Open-air-Mantelheizung«, in der mobilen Sauna (ohne Nackigmachen!) und in der »wandernden Jurte«.

Vorsicht! Das gilt zwar eigentlich immer auf dem RAW-Party-Gelände, aber beim *Historischen Weihnachtsmarkt* umso mehr: Hier herrscht auf Schritt und Tritt mittelalterliches Lebensrisiko zwischen Feuerjonglagen, Armbrustschießen und Axtwerfen. Lauter wild aussehende Gaukler, Trolle und andere Wegelagerer. Sogar »Wegezoll« ist zu zahlen. Nur mit Kettenhemd und Ritterschild zu empfehlen!

Die Multi-Kulti-Alternative: der *Bazaar Berlin* in den Messehallen mit 500 Ständen. Eine Reise durch 60 Länder von Bolivien über Ghana bis Usbekistan, mit nützlichen Mitbringseln wie Alpaka-Mützen, chinesischen Abakussen, Buddhas und farbenfrohen Saris. Keine Spur von Weihnachtsatmosphäre – aber dafür am Ende ein Rollkoffer voller Weihnachtsgeschenke für die Lieben.

**← Schwedische Weihnachtstradition vor Backsteinromantik in Berlin**

**← Mittelalterlich-ruppig wird's auf dem Historischen Weihnachtsmarkt**

**12** **Lucia Weihnachtsmarkt • Schönhauser Allee 36–39, 10435 Berlin • lucia-weihnachtsmarkt.de**

**13** **Historischer Weihnachtsmarkt • Revaler Str. 99, 10245 Berlin • carnica-spectaculi.de**

**14** **Bazaar Berlin • Messegelände Berlin, 14055 Berlin • bazaar-berlin.de**

# Pop, Rock & Punk
# Hier spielt die Musike!

**→ Singer-Songwriterin Amy Macdonald spielte schon in der Zitadelle Spandau**

**→ Retro pur: das alte DDR-Funkhaus mit seiner historischen Konzerthalle, die noch jeden staunen lässt**

**Zuerst ein Augen- und Ohrenschmaus in Schöneweide:** Das *Funkhaus* der DDR trumpft mit 50er-Retro-Design in trapezförmigen Sälen, mit Holztäfelung, Säulen und Riesen-Konzertorgel, Fischgrät-Parkett und Marmorböden. Die Akustik ist natürlich vom Feinsten. Manch ein Szenegänger verortet hier am Spreeufer sogar die Wiege der »Underground Club Culture«, die in der Nachwendezeit von Berlin aus um die Welt zog. Das würde erklären, dass hier manches Highlight stattfindet, wie das Record-release-Konzert von Depeche Mode vor nur 1000 glückseligen Fans.

Die *8mm Bar* ist der wohl kleinste Rock'n'Roll-Schuppen Berlins. Das Wohnzimmer-Format hat unbedingte Vorteile: Man kommt sich schnell näher. Und auf der Schönhauser Allee herumirrende Ballermanngruppen passen gar nicht erst rein. Die Bar: düster-undergroundig. Das Musik-Programm: bodenständig, oft laut und krachig, aber nicht immer, irgendwo zwischen psychedelischem Rock, Indie, New Wave und Gothic. Der DJ hantiert noch mit Vinyl, Filmklassiker laufen an der Wand zu Sixties-Partys, und die (Absinth-) Cocktail-Preise sind kaum der Rede wert. Definitiv eine aussterbende Spezies – oder ihrer Zeit weit voraus ...

Konstant schön für nostalgische Open-air-Konzerte, ob Lionel Richie, Beach Boys oder Rockröhre Patti Smith: die *Zitadelle Spandau*, wo Pop und Rock aufs 16. Jh. treffen. Eine ältere und stimmungsvollere Konzert-Location gibt es nicht!

**15** **Funkhaus Berlin • Nalepastr. 18, 12459 Berlin • funkhaus-berlin.net und ddr-funkhaustour.de**

**16** **8mm Bar • Schönhauser Allee 177B, 10119 Berlin • Facebook: 8millimeterbar**

**17** **Zitadelle Spandau • Am Juliusturm 64, 13599 Berlin • zitadelle-berlin.de**

# Lang lebe der Kult!
# Legendäre Clubs und Bars

**Berliner sind rasant wechselnde Hypes gewohnt:** Wollmützenträger bei 30 Grad, Techno-Partys unterm »Späti«, angesagte Raves im Grunewald! Dass man bestimmte Locations schon als junger Hüpfer kannte und Jahrzehnte später als dreifache Oma immer noch besucht, das ist allerdings was Besonderes.

Die *Hafenbar* hat es aus der Chausseestraße an den Alex verschlagen – ohne dass dies der Stimmung auf den Schlagerpartys geschadet hätte. In dem Urgestein des Berliner Nachtlebens feiern Lebensretter die traditionellen »Blaulicht-Partys«, und Mitsingen ist nicht nur beim Samstags-Karaoke angesagt. Der »älteste Club der Stadt« ist eine Gute-Laune-Institution, mit Diskofox zu Hits von Abba bis Zweiraumwohnung.

Auch der *Tresor*, die Mutter aller Technoclubs seit 1991, musste umziehen. Im stillgelegten Heizkraftwerk ist auf den Dancefloors (fast) alles wie immer – viel Bass, viel Strobo, viel Nebel. Oben gibt's House Music, weniger bassdröhnende als unten im Techno-Keller. Wer keinen Schimmer von Techno hat: vorher gucken, welche DJs auflegen – dann klappt's auch mit dem Türsteher ...

Die Barkeeper der *Victoria Bar* öffnen eigentlich jedem Genusstrinker. Sie müssen auch nicht als »Mixologists« den gerade angesagtesten Kreationen aus Neuköllner Szene-Bars hinterherjagen. Denn sie wissen, was sie tun – und das nun auch schon seit vielen Jahren ...

**← Die Hafenbar – nach einem halben Jahrhundert der Klassiker unter den Locations**

**← Ruhe vor dem Sturm in der Victoria Bar. Wer mag, kann sich hier auch in einer Vortragsreihe der »Schule der Trunkenheit« widmen**

INSIDER-TIPP
**Türsteher-Roulette**

**18** **Hafenbar • Karl-Liebknecht-Str. 11, 10178 Berlin • hafenbar-berlin.de**

**19** **Tresor • Köpenicker Str. 70, 10179 Berlin • tresorberlin.com**

**20** **Victoria Bar • Potsdamer Str. 102, 10785 Berlin • victoriabar.de**

Das war ein bisschen viel an Info? Du weißt nicht, wo du anfangen sollst? Na dann, hier kommen ein paar Vorschläge: die Tipps aus diesem Buch, neu gedacht, neu sortiert. Teste dies, probiere das und würfel alles wieder neu zusammen!

# Mix & Match

## Mach dein eigenes Ding

# Kurzurlaub
# In zwei Tagen besonders viel erleben

## Tag 1

### Gönn dir was!
Das *Frühstück 3000* → **S. 48** hält sich für was Besseres. Wohl wahr: Schrippe, Butter und Marmelade sucht man auf der Brunch-Karte vergeblich. Hier munden Trüffelbutter und French Toast, Kaviar und Lachs, Cava und Champagner. Alles kleine Kunstwerke, das Auge isst ja schließlich mit!

### Alles so schön bunt hier …
Nach einem Fotobummel über die Open-air-Kunstmeile auf der Bülowstraße – die »West Side Gallery«, wie manche sagen – geht's ins erste Museum dieser Art, das *Urban Nation*: Hier sind Collagen, Wandmalereien und Tape Art berühmter Künstler so richtig in Szene gesetzt. → **S. 11**

### Leckerschlecker
Ab in die süße Schauküche: Wie macht man eigentlich Bonbons? Ihr könnt in der *Bonbonmacherei* → **S. 36** den Produzenten über die Schulter schauen, müsst dabei aber ganz tapfer sein: mit viiiiiel Zucker! Leckere Nostalgie-Bonbons und Exotisches gibt's auch.

### Zeitreise zum Mauer-Bau
Rund um die Bernauer Straße taucht ihr nun in dramatische Zeiten ein: den Bau der Berliner Mauer 1961. Da heute davon nichts mehr zu spüren und fast nichts zu sehen ist, unbedingt eine der beiden *Mauer-Apps* → **S. 17** vorher runterladen und vor Ort in Ton und Bild miterleben, was hier geschah.

### Kiezige Sitcom
Dem Volk aufs Maul geschaut hat schon Zille damals. Heute geht das auch, am besten mit Humor im *Prime Time Theater*: Mit »Gutes Wedding, Schlechtes Wedding« sind liebreizende Charaktere in der Berliner Theater-Landschaft aufgetaucht – und nicht mehr wegzudenken. → **S. 63**

## Tag 2

### Berliner Kalorienbomben

Ein paar Süßigkeiten müssen heute als Proviant mit dabei sein: Die leckersten und originellsten Pfannkuchen ganz Berlins gibt's beim *Sugarclan* in der praktischen Box. Ihr könnt natürlich auch beim traditionellen Baumkuchen-Bäcker *Rabien* ordentlich Kalorien einsacken. → **S. 53**

### Sich treibenlassen!

Über schmale Kanäle und entlang von Schrebergärten gleitet man im Kajak oder per SUP durch das letzte natürliche Berliner Feuchtgebiet: »Klein-Venedig«. Das idyllische Biotop mögen auch die asiatischen Wasserbüffel und fühlen sich auf den saftigen *Tiefwerder Wiesen* → **S. 146** ganz wie zu Hause.

### Zu Gast bei Buddha & Co.

Schuhe aus, Räucherstäbchen an! Noch ein bisschen Besinnliches, bevor es heute Abend richtig rund geht: Bei den Gebeten der vietnamesischen Nonnen in der *Chua Linh Thuu* kommt man schnell runter und kann den goldglänzenden Buddha um Beistand für den Abend bitten. Tolle Fotos sind auch drin. → **S. 134**

### Ab ins Mittelalter!

Sabberlatz umgehangen und mitgefangen! Im Lokal *Tafelrunde* → **S. 121** herrschen mittelalterliche Sitten zwischen Met (Wein), Gänsekeule und Dudelsack: mit Dolch und Fingern essen, aus dem Krug oder Kuhhorn das älteste Gesöff der Welt trinken und den Barden lauschen – da muss man durch!

### Ahoi am Alex

Die *Hafenbar* ist Kult! Ein halbes Jahrhundert hat der »älteste Club der Stadt« auf dem Buckel. Wer Schlager, Pop und Diskofox mag, ist hier richtig: Die Schlagerpartys sind legendär unter den Berliner Tanzschuppen-Nachteulen. Na, dann mal Leinen los und mitgeschunkelt im hängenden Barhocker. → **S. 173**

# Auszeit
# Ein herrlich entspannter Tag

**Frühstück wie im Kloster**
Wer hätte das gedacht: eine Guten-Morgen-Oase im trubeligen Neukölln. Das *21 gramm* war bis vor Kurzem eine Kirchenkapelle, und so lesen sich die Bibelsprüche an der Wand auch gut als Motto. Deftig oder süß kannst du in den Tag starten – auf jeden Fall geruhsam, auch als Langschläfer. → **S. 48**

**Zeit für ein Mittagspäuschen …**
… oder einen Verdauungs-Spaziergang hinter den Hinterhöfen. Beim Park-Hopping in Neukölln, ausgerechnet! Auf einen naturphilosophischen Rundgang begibt man sich im lauschigen *Comenius-Garten*. → **S. 140**

**Kultur pur**
Weiterbrunchen (Sa/So) – oder ist schon Kaffeepause mit Kuchen-Schmaus? Im Kulturquartier *silent green* lässt sich quasi nebenbei die neueste Ausstellung oder Installation, ein Literatur- oder Filmfestival oder auch ein Konzert im ehemaligen Krematorium erleben. Für jeden Geschmack ist was dabei, auch aus dem eigenen Gemüse- und Kräutergarten! → **S. 76**

**Wellness über den Dächern**
Endlich: alle Viere von sich strecken, ob in der Sauna, im Whirlpool oder im Dachgarten-Liegestuhl, ob bei der Massage oder beim Zen Shiatsu. Über den Dächern wellnessen kannst du im Grand Hyatt Spa auch ohne Hotelbuchung, für zwei Stunden oder länger. Den Sonnenuntergang gibt's im *Club Olympus Spa & Fitness* → **S. 132** am Potsdamer Platz mit dazu, sogar mit tollstem Berlin-Panorama.

**Null-Promille-Absacker**
Wie wär's mit einer Auszeit auch vom Alkohol?! Das geht seit 2020 in der »ersten alkoholfreien Bar« *Zeroliq (zeroliq.berlin)*. Mitten in der Ausgehmeile Friedrichshains gelegen kann man auch noch andere Bars besuchen.

# Weltreise
# Exotische Orte ganz nah

### Wenn Weihnachten naht
Alter Schwede! Auf dem schwedischen *Lucia Weihnachtsmarkt* kann man den Weihnachtsmann leibhaftig treffen (17–18 Uhr) oder im Wunschbriefkasten schon mal dringende Anweisungen für ihn hinterlassen. In den Messehallen unternimmst du eine kleine Weltreise auf dem *Bazaar Berlin* und kommst mit lauter exotischen Weihnachtsgeschenken zurück. → **S. 169**

### Fernöstliches Flair
Die Japaner haben sich so sehr über den Berliner Mauerfall gefreut, dass sie den Berlinern ein Geschenk machten: Und so kann man heute in den TV-Asahi-Kirschblütenalleen an mehreren Orten Berlins unter dem rosa Himmel flanieren und dabei leibhaftigen Manga-Figuren und Taiko-Trommlern begegnen – beim *Hanami-Kirschblütenfest* im Frühjahr. → **S. 158**

### Lecker Krabbelviecher
Currys, höllisch scharfe Salate und gesunde Insektenkost. Wer verschrobene kulinarische Folklore hinter all den brutzelnden Garküchen mitten in Berlins Picknickpark, dem Wilmersdorfer Preußen-Park, vermutet, der irrt: Der *Thai-Park* → **S. 47** ist so tief verwurzelt in Berlin wie das Essen mit Löffel und Gabel in Thailand!

### Mayday, mayday!
Die New Yorker Skyline im Anflug einmal kess umrunden oder auf den gefährlichsten Flughäfen der Welt landen – inklusive Vogelperspektive über Meer und Klippen, Berge, Täler und Hochhausschluchten –, das kannst du selbst! Mit Hilfe eines echten Co-Piloten in der *Flugsimulation* in Wedding oder auf dem Flughafen BER. → **S. 96**

# Kinderkram
# So werden die Kleinen glücklich

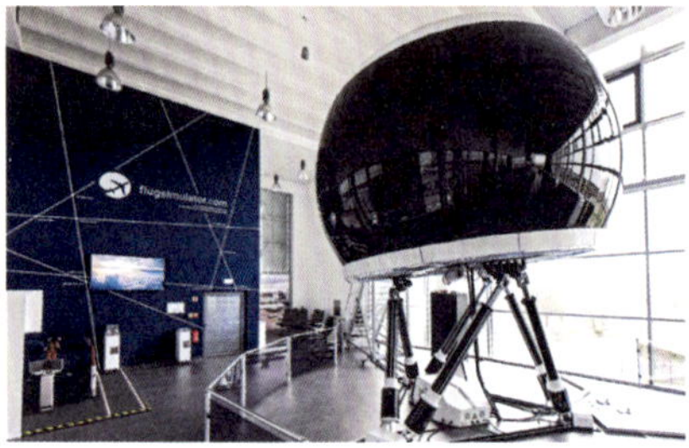

**Das fliegende Klassenzimmer**
Bei der »Flight Kids Academy« am *Flughafen BER* → **S. 96** dreht sich alles um Physik, Meteorologie und Geographie. Langweilig?! Nicht, wenn der Unterricht auch im originalen Cockpit einer A320 im *Flugsimulator* stattfindet, für (Flug-)Schüler von 12 bis 15 Jahren – einmal Selbstfliegen inklusive! (nur in BER Schönefeld, 150–199 € für 2–3 Tage)

**Eisbären & Co. retten**
Im ANOHA, der Kinderwelt des *Jüdischen Museums Berlin* → **S. 163**, können die Kids Noah helfen, alle Tiere von Hase bis Orang-Utan auf Noahs Arche zu retten. Auf drängende Fragen (z. B. wieso wollte Gott die Menschen mit einer Sintflut bestrafen? Wie kann man Eisbären retten?) gibt es spielend Antworten mit 150 Tieren aus recyceltem Schrott *(anoha.de)*.

**Mit Tape und Spraydose**
Im Schöneberger *Urban Nation Museum* gibt es Workshops zum Austoben beim Sprühen und Kleben! Hier lernen Kids und Jugendliche, wie man figürlich und abstrakt malt, sprayt oder klebt, ob nun auf dem eigenen Lieblings-T-Shirt oder an echten Wänden. → **S. 11**

**Im Keller Berlins**
Kinder unter sieben Jahren dürfen bei den normalen Touren in vormals geheime Bunker und Tunnel nicht mit, aber keine Sorge: Der Verein *Berliner Unterwelten* nimmt auch Kinder mit runter in die unterirdischen Orte – bei der Kindertour »Mama, was ist ein Bunker?« (Kids 5–10 Jahre). → **S. 19**

**Manege frei!**
Austoben im Zirkuszelt, beim Seillaufen, Jonglieren, Trampolinspringen. Oder einfach nur hier im *Cabuwazi Zirkus* zuschauen, wie sich die Schlangenmenschen verbiegen. → **S. 98**

# Sauwetter
# Wo es bei Regen besonders schön ist

**Unterirdisch & knallbunt**
Mit der U-Bahn dem Regen, Gewitter oder Schneesturm ein Schnippchen schlagen. Das Sightseeing kostet nur ein BVG-Ticket und führt euch zu einigen der schönsten Retro-Bahnhöfe Berlins. Die *U-Bahn-Linie 7* mit ihren bunten oder dezent-eleganten Dekor-Bahnhöfen in Spandau ist auch eine Zeitreise nach Elektropolis in die Berliner Industrie-Historie. → **S. 66**

**Zilles Milljöh**
Wenn es regnet, ist das die beste Zeit, um Postkarten zu schreiben. Verschick doch ein paar dolle Karten aus dem Milljöh! Am besten auch gleich handbeschrieben mit dem »Kugelschreiber (bedruckt) mit Zilles Handschrift«. Zudem gibt es im Shop vom *Zille-Museum* Kalender, Berlin-Bücher und sogar Zille als Tischläufer. → **S. 63**

**Fotografie-Oase**
Ein Hinterhof, zwei Etagen voller Kunst: In der Charlottenburger Galerie *Camera Work* stellen 40 renommierte Fotografen aus der ganzen Welt aus: Akte, Architektur-Bilder, Porträts oder einfach märchenhafte Werke. → **S. 64**

**Zeitreise nach 1900!**
Ein verstecktes Kleinod, das *Museum Pankow*: Zwischen Kronleuchter und Kachelöfen, historischen Musikinstrumenten und dem gedeckten Kaffeetisch fühlt man sich gleich um ca. 130 Jahre zurückversetzt. → **S. 84**

**Das »Wissenstheater«**
Wenn der Regen auf die Kuppel prasselt, dann ist es hier noch mal schöner: Im *Tieranatomischen Theater* → **S. 75** kann man sich ausmalen, wie vor 200 Jahren in dem Hörsaal die Tierkadaver auf dem versenkbaren Seziertisch auftauchten. Auch die Ausstellungen regen zum Denken an.

SIE HABEN IHR ZIEL ERREICHT.
Die ganze Welt der Mobilität.
DRIVE
VOLKSWAGEN GROUP FORUM
DRIVE
DRIVE
VOLKSWAGEN GROUP FORUM
DRIVE

# Dies & Das

## Karten, Register und mehr

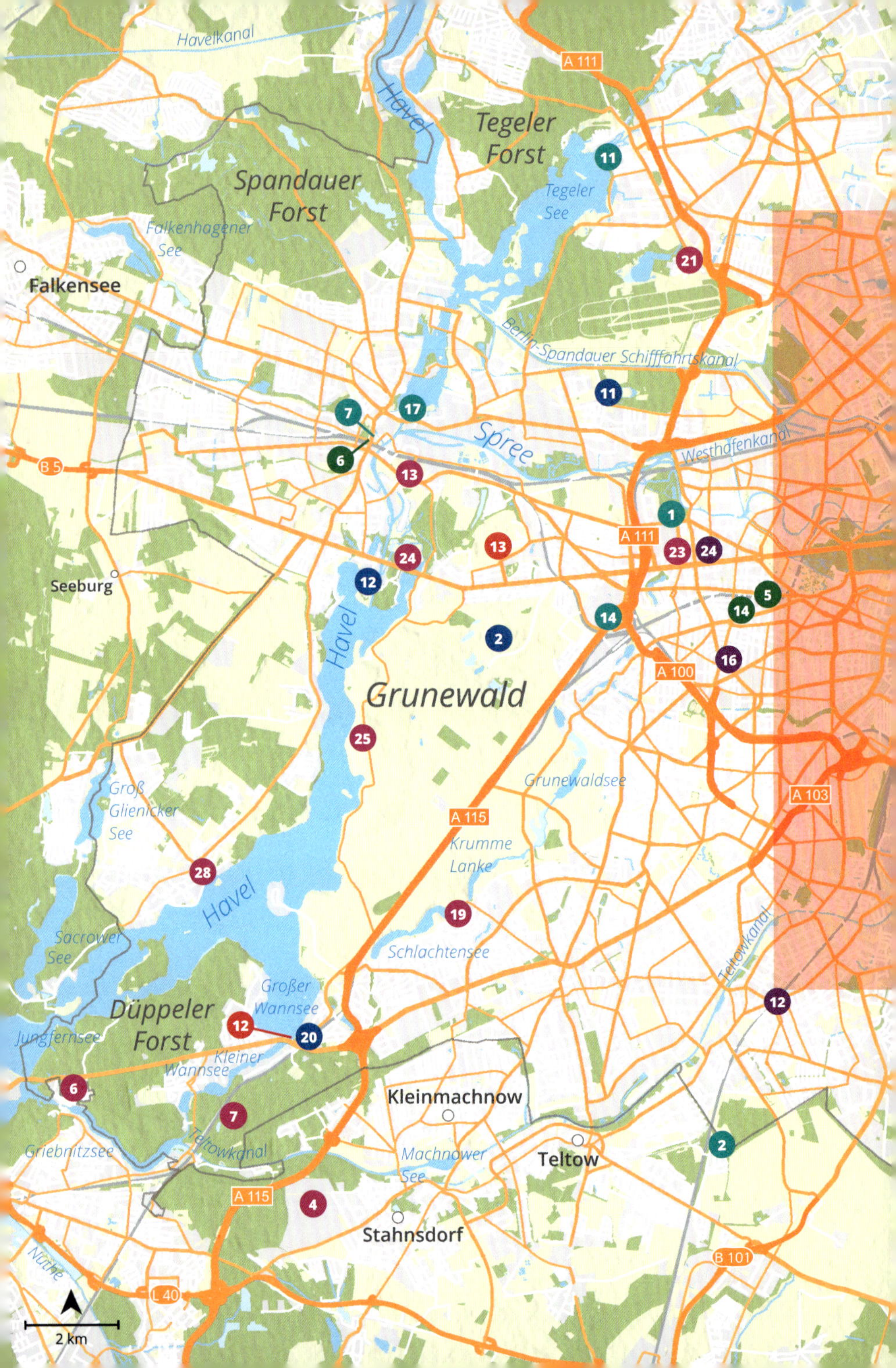

Havelkanal
A 111
Havel
Tegeler
Forst
11
Tegeler
See
Spandauer
Forst
Falkenhagener
See
Falkensee
21
Berlin-Spandauer Schifffahrtskanal
11
7
17
Spree
Westhafenkanal
B 5
6
13
1
A 111
13
23
24
24
12
5
14
Seeburg
14
2
16
Havel
A 100
Grunewald
25
Grunewaldsee
Groß
Glienicker
See
A 115
A 103
Krumme
Lanke
28
Havel
19
Sacrower
See
Schlachtensee
Teltowkanal
12
Großer
Wannsee
Düppeler
Forst
12
20
Jungfernsee
Kleiner
Wannsee
6
Kleinmachnow
7
Teltowkanal
2
Griebnitzsee
Machnower
See
Teltow
A 115
4
Stahnsdorf
B 101
Nuthe
L 40
2 km

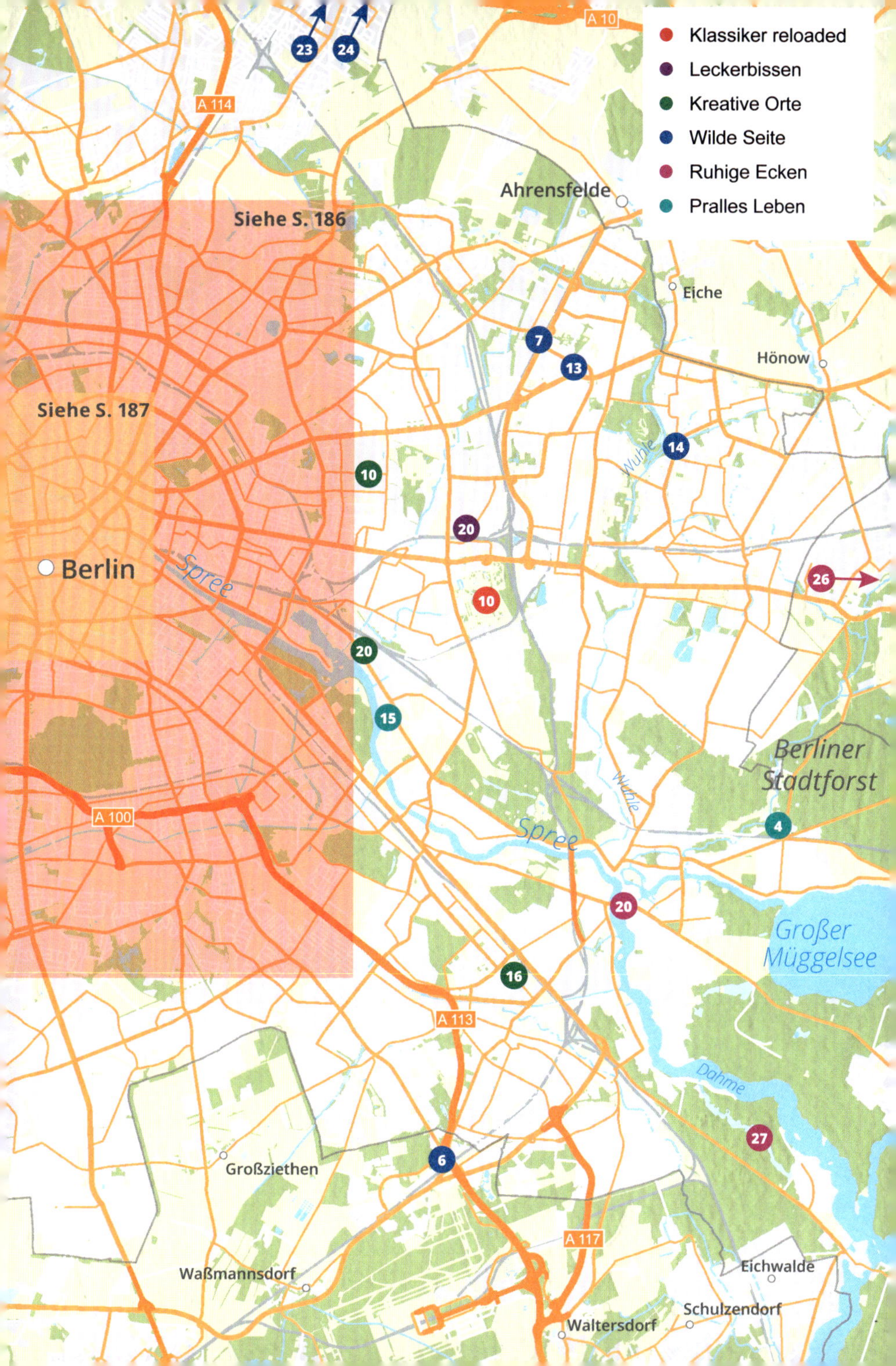

Klassiker reloaded
Leckerbissen
Kreative Orte
Wilde Seite
Ruhige Ecken
Pralles Leben
Siehe S. 186
Siehe S. 187
Berlin
Ahrensfelde
Eiche
Hönow
Spree
Wuhle
Berliner Stadtforst
Großer Müggelsee
Dahme
Großziethen
Waßmannsdorf
Eichwalde
Schulzendorf
Waltersdorf
A 10
A 114
A 100
A 113
A 117
23
24
7
13
14
10
20
26
15
4
16
6
27

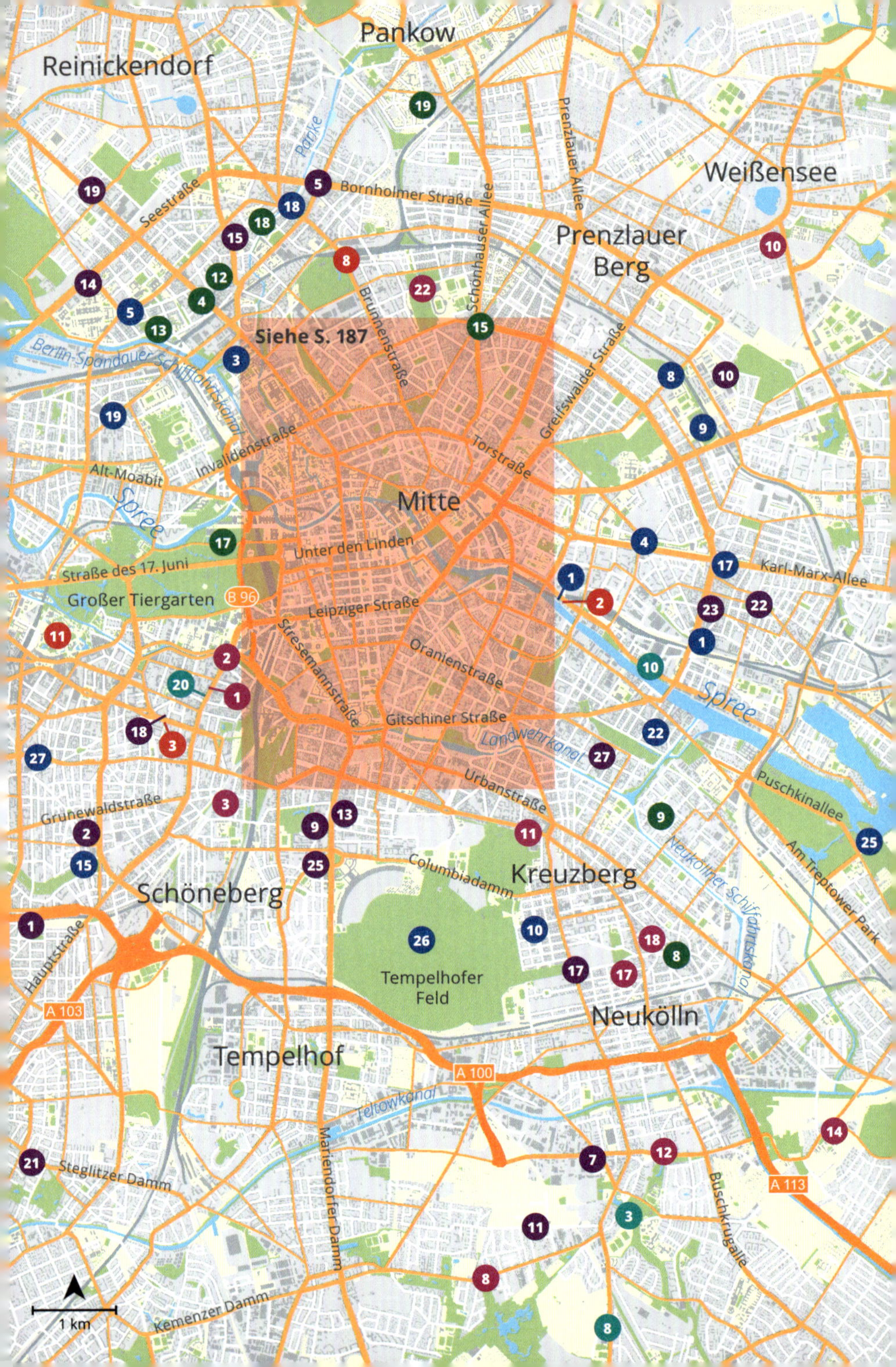

Pankow
Reinickendorf
Weißensee
Prenzlauer Berg
Panke
Bornholmer Straße
Seestraße
Schönhauser Allee
Prenzlauer Allee
Brunnenstraße
Siehe S. 187
Berlin-Spandauer Schifffahrtskanal
Greifswalder Straße
Torstraße
Invalidenstraße
Alt-Moabit
Spree
Mitte
Unter den Linden
Straße des 17. Juni
Großer Tiergarten
B 96
Leipziger Straße
Stresemannstraße
Oranienstraße
Karl-Marx-Allee
Gitschiner Straße
Landwehrkanal
Urbanstraße
Puschkinallee
Grunewaldstraße
Columbiadamm
Kreuzberg
Neuköllner Schifffahrtskanal
Am Treptower Park
Schöneberg
Hauptstraße
Tempelhofer Feld
Neukölln
A 103
Tempelhof
A 100
Teltowkanal
Mariendorfer Damm
Steglitzer Damm
A 113
Buschkrugallee
Kemenzer Damm
1 km

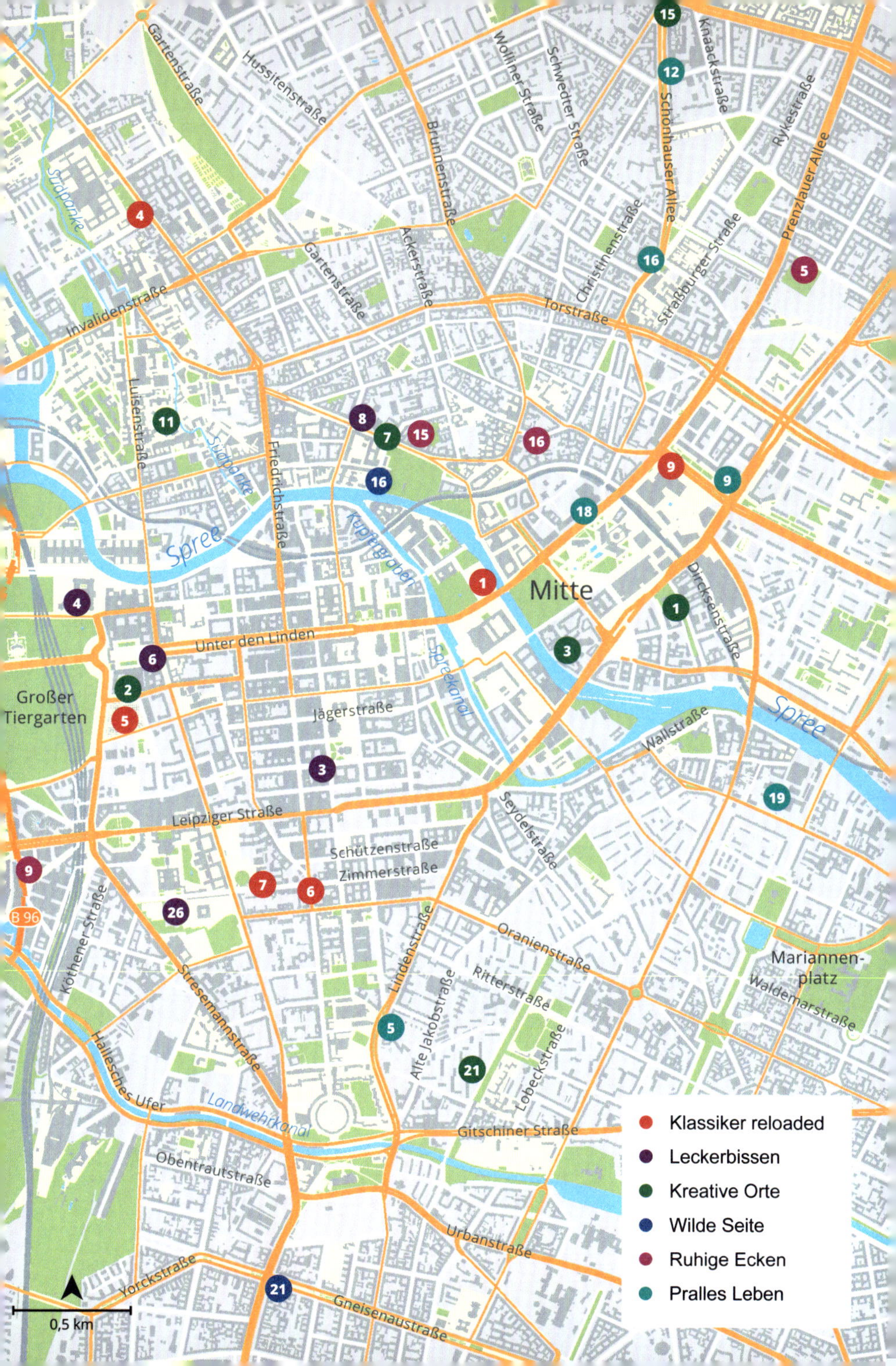
Gartenstraße
Hussitenstraße
Wolliner Straße
Schwedter Straße
Brunnenstraße
Knaackstraße
Schönhauser Allee
Rykestraße
Prenzlauer Allee
Panke
Ackerstraße
Christinenstraße
Straßburger Straße
Invalidenstraße
Torstraße
Luisenstraße
Friedrichstraße
Panke
Spree
Kupfergraben
Mitte
Dircksenstraße
Unter den Linden
Großer Tiergarten
Spreekanal
Jägerstraße
Wallstraße
Spree
Leipziger Straße
Seydelstraße
Schützenstraße
Zimmerstraße
B 96
Köthener Straße
Lindenstraße
Oranienstraße
Mariannenplatz
Waldemarstraße
Ritterstraße
Alte Jakobstraße
Stresemannstraße
Lobeckstraße
Hallesches Ufer
Landwehrkanal
Gitschiner Straße
Obentrautstraße
Urbanstraße
Yorckstraße
Gneisenaustraße
0,5 km
Klassiker reloaded
Leckerbissen
Kreative Orte
Wilde Seite
Ruhige Ecken
Pralles Leben

# Register


8mm Bar 170
21 gramm 48
260 Grad 166

Alter St.-Matthäus-Kirchhof 127
Am Velodrom 101
Anton-Saefkow-Park 101

Badedampfer 116
Base Flying 20
Bazaar Berlin 169
Beba Restaurant 57
Berlindecor 68
Berliner Dom 8
Berliner Residenzkonzerte 157
Berliner Tierpark 23
Berliner Unterwelten e. V. 19
Berlin leuchtet 164
Berlin Underwear 79
Bibliothek am Luisenbad 108
Bier-Bar 54
Bonbonmacherei 36
Boule Devant 145
Brewer's Tribute 51
Britzer Baumblüte 158
Britzer Mühle 164
Britzer WeinKultur 39
Bruno-Lösche-Bibliothek 108

Cabuwazi Zirkus 98
Camera Work 64
Carillon 83
Chua Linh Thuu 134
Club Bouliste 145
Club Olympus Spa & Fitness 132
Comenius-Garten 141
Curry & Chili 35
Curry Wolf 35

Dark Matter 87
Das süße Leben 31
degewo-Skywalk 104
Die Gorillas 113
Drachenberg 95
Dr & Dr Middle Eastern Culture & Food Lab 57
Düppeler Forst 131
DZ Bank 60

Eisengold 71
Erika-Heß-Eisstadion 95

Flugsimulator Berlin 96
Freeletics 107
Frühstück 3000 48
Funkhaus Berlin 170
Fußgänger e. V. 101

Golvet 124
Grünau 153
Grünheide/Mark 150

Hafenbar 173
Hafenbar Tegel 166
Hanami-Kirschblütenfest 158
Haubrok Foundation/Fahrbereitschaft 72
Havel-Radtour 111
Havelwanderweg 153
Historischer Weihnachtsmarkt 169
Hobrechtswald 114

James June Winterland 95
Jüdisches Museum 163

Käfer Berlin im Deutschen Bundestag 32
Kantine ExRotaprint 44
Ketch'up 35 35
Kienberg 104
Kiter-Kurse 119
KlebeBande 11
Kneippanlage Düppeler Forst 131
Kneipp-Gesundheitsparcours im Britzer Garten 131
Konditorei & Café Rabien 53
König Galerie/St. Agnes Kirche 88
Körnerpark 141
Krausnickpark 138
Krumme Lake Grünau 153

Landgericht Berlin 60
Leise-Park 127
Löcknitztal 150
Loggia Alexandra 128
Lucia Weihnachtsmarkt 169

Mampe Spirituosen 42
Mauer-Apps 17
Meer & Mehr 57
»Mitte Garten« H&M 138
MS Wannsee F10 24
Museum Pankow 84

Natascha von Hirschhausen (Studio & Showroom) 79

Olympiastadion Berlin 27
»Ort der Information« 15

Panketal 114
Petanquistan Mauerpark 145
Piano Salon Christophori 83
Potsdam 153
Preussische Spirituosen Manufaktur und Museum 42
Prime Time Theater 63
Private Roof Sport 107

Rausch Schokoladenhaus 31
Regionalmarkt »Die dicke Linda« 40
Ringschmiede Berlin 71

Salzperle 132
Saunadampfer 116
Schneeeule Salon & Bottleshop 51
Schönow (Bernau) 114
Schönower Heide 114
Schwitzen im Park 107
silent green 76
Spandauer Havelfest 164
Späth Arboretum 137
Sri Ganesha Hindu Tempel 134
Sri Mayurapathy Murugan Tempel 134
Stahnsdorf 127
Steh-Paddler 142
Strandbad Jungfernheide 102
Studio Berlin Adlershof 80
Südwestkirchhof Stahnsdorf 127
Sugarclan 53
Süßkramdealer 31

Tafelrunde 121
teledisko 92
Teltow 158
Tempelhofer Feld 119
Teufelsberg 95
Thai-Park (Preußenpark) 47
Theatersport Berlin 113
Tiefwerder Wiesen 146
Tieranatomisches Theater (TAT) 75
TimeRide Museum 17
Tresor 173

U-Bahn-Linie 7 66
Umasan 4.0 (Studio) 79
Union Freiluftkino Friedrichshagen 161
Urban Nation Museum 11

Victoria Bar 173
Viktoriapark 39

»Wald.Berlin. Klima.« 149
Wasserläufer 142
Weekend Club 166
Weingarten Berlin e. V./ Weinbergspark 39
Wellenrebellen am Pichelssee 102
Wilhelm Hoeck 54
Wintergarten Varité 124

Zentrale des Bundesnachrichtendienstes 13
Zille-Museum 63
Zitadelle Spandau 170
Zoologischer Garten 23

# Impressum

1. Auflage 2022


Printed in Italy

MIX
Papier | Fördert gute Waldnutzung
FSC www.fsc.org
FSC® C015829

**Text:** Martina Miethig
**Gestaltung Titel, U2 + U4:**
Eggers + Diaper, Potsdam
**Gestaltung Innenteil + U3:**
Sofarobotnik – Büro für Gestaltung, Augsburg & München
**Lektorat**
Guido Huß, Stephanie Ziegler
**Bildredaktion**
Anja Schlatterer
**Produktion**
red.sign GbR, Stuttgart
**Kartografie**
© MAIRDUMONT, Ostfildern, unter Verwendung von Kartendaten von OpenStreetMap, Lizenz CC-BY-SA 2.0

## Bildnachweise

**Titelbild:** laif/Nina Lueth

**Fotos:** Badedampfer BL GmbH – www.badedampfer.de (117); Berliner Dom: Maren Glockner (9); Berliner Forsten (148); Berliner Unterwelten e. V.: Holger Happel (18); BND/photothek (12, 13); Konstantin Börner (130 u.); Brauerei Schneeeule: Beertrekker (50 u.), Markus Raupach (50 o.); Cabuwazi Zirkus: Thomas Kierok (99 o.), Matthias Steinbach (99 u.); Camera Work AG (65); carnica-spectaculi (168 u.); Michela Dai Zovi (46); DARK MATTER (86); degewo: Cathrin Bach (105); Die Gorillas: Matthias Fluhrer (112 u.), Steffen Roth (112 o.); Dr & Dr Middle Eastern Culture & Food Lab (56); Flugsimulator Berlin: Jan Kopankiewicz (97, 180); Funkhaus Berlin (171 u.); Thomas Gross (156 u.); Hafenbar Berlin GmbH (174 o.); haubrok foundation: Ludger Paffrath (73 u.); Herz&Blut: Jules Villbrandt (49); huber-images: Reinhard Schmid (61, 110); Hyatt International Corporation (133 o.); Käfer Berlin GmbH (33); Kannstemal: Magareta Elisabeth Rugolski (178); Ketering Veranstaltungs GmbH: Jochen Loch (168 o.), TOM (179); Kino Union: Matthias Stütz (160); laif: Michael Danner (37 u.), Dagmar Schwelle (141), Wolfgang Stahr (167), Gerhard Westrich (130 o., 143); Loie Hollowell und KÖNIG GALERIE Berlin, London, Seoul: Roman März (89); Mampe Berlin (43); Mauerschau Medienproduktion UG (16, 177); mauritius images/Alamy: Eden Breitz (25 u.); mauritius images/imagebroker: Oliver Gerhard (152); Martina Miethig (10, 30, 34, 38, 45, 55, 62, 67, 69, 70, 74, 77 u., 82, 85, 94, 109, 115, 126, 129, 135, 136, 139, 140, 144, 147, 151, 159, 176, 181, 191); picture-alliance (73 o.); picture-alliance/dpa: Michael Kappeler (25 o.), Christin Klose (101), Paul Zinken (165 o.); picture-alliance/Eventpress Stauffenberg (81 u.); picture-alliance/Keystone: Jochen Zick (37 o.); picture-alliance/POP-EYE: Ben Kriemann (171 o.); picture-alliance/ZB: Gerald Matzka (81 o.); pressesalz: Theresa Dühn (41); Prime Time Theater: Fabio Moschetto (62); Private Roof Sport: Nikolas Gleber (106 u.); Reiher&Seidel (26); Salzperle: Fotografin Finni (133 u.); Shutterstock: ByeByeSSTK & Birgit Eggers (192), Dmitry Dikushin (106 o.), Ksusha Dusmikeeva (2), Daria Myronets (162 u.), Jeff Whyte (162 o.); silent green Kulturproduktionen: Diego Castro (77 o.); Stiftung Denkmal: Marko Priske (14); © Stiftung Preußische Schlösser und Gärten Berlin-Brandenburg (SPSG): Jens Rosenow (156 o.); Tafelrunde: Tolga Manasirli (120, 121); teledisko (93); Tierpark Berlin (22 u.); TimeRide/Urban (17); TraceSpace/ParkourONE (100); Umasan (78 o.); Victoria Bar (174 u.); Weihnachten im Tierpark: Michael Clemens (22 o.); Wellenrebellen: Carsten Schulz (Klappe innen u., 103); Wintergarten Varieté: Ben Duentsch (125 o.), J. F. Kühn (125 u.); www.base-flying.de (21); www.berlin-underwear.com (78 u.); www.kiteflow.de (118); XAMAX (Klappe innen o., 52)

# Die Autorin

**Martina Miethig**
Martina Miethig ist seit mehr als 20 Jahren für Reportagen und Reisebücher in der Welt unterwegs *(Gecko Stories.com)*. Die wahren Abenteuer erlebt die waschechte Berlinerin zuhause: Die ausgebildete Journalistin lässt sich am Lustgarten im Dom »verkuppeln«, folgt den Spuren James Bonds ins Herz der deutschen Spionageabwehr und landet auch heute noch im heiß geliebten TXL. Wie das alles geht, das verrät sie hier, ebenso ihre Lieblingsbank und wo um Himmels willen ausgerechnet in Berlin die Erleuchtung wartet.

**Lob oder Kritik? Wir freuen uns auf deine Nachricht!**
Trotz gründlicher Recherche schleichen sich manchmal Fehler ein. Wir hoffen, du hast Verständnis, dass der Verlag dafür keine Haftung übernehmen kann. Wir freuen uns aber, wenn du uns schreibst:

MARCO POLO Redaktion
MAIRDUMONT
Postfach 31 51
73751 Ostfildern
info@marcopolo.de

# Bloß nicht!

## Fettnäpfchen und Reinfälle vermeiden

## Berliner Jargon imitieren

»Telespargel«?! »Langer Lulatsch«?! »Schwangere Auster«, hä? Wer Fernseh- oder Funkturm und die Kongresshalle im Tiergarten (heute noch) so nennt, im vermeintlichen Berliner Volksmund, der outet sich unweigerlich als Tourist. Von den pfannkuchigen »Berlinern« ganz zu schweigen …

## Wege durchs »Grün« abkürzen

Und schon gar nicht durch die – von Weitem! – schön anzuschauenden schmalen Grünstreifen an vielen Bürgersteigen. Hier lauern Tretminen zwischen Gänseblümchen! Also Augen auf und immer schön nach unten gucken. Die Berliner haben das perfektioniert und quasi im Blut. Doch es gibt Hoffnung: Die Gassigänger sind immer öfter mit Tütchen unterwegs …

## Döner in der BVG essen

»Döner macht schöner«, na klar, aber nicht in U- und S-Bahn. Mit der einzigartigen Duftnote macht sich keiner Freunde. Es kann sogar sein, dass die sonst so gelassenen Berliner dem rücksichtslosen Mitfahrer »eine Abreibung« oder »Dresche« androhen.

## Den E-Scooter-Irrsinn mitmachen

Über den Bürgersteig brettern, mitten auf dem Gehweg oder in der Einfahrt parken und zu zweit mit Promille ab durch den Feierabendverkehr. Das E-Roller-Verbot ist nur noch eine Frage der Zeit, so hoffen hier alle.

## Schnauze mit Herz persönlich nehmen

… oder ist es »Herz mit Schnauze«?! Egal. Der Ton macht die Musik, det stimmt. Aber nimm bitte die Berliner Schnoddrigkeit nicht persönlich. Hinter der sind die Berliner nämlich ganz nett – mann, det weeß doch ooch jeder!